北欧建築紀行

幸せのかけらを探して

和田菜穂子

山川出版社

自分が醜いアヒルだと思っていたころは、
こんなたくさんの幸せがあるなんて、思ってもみなかった。
——ハンス・クリスチャン・アンデルセン

●人名・地名のカタカナ表記に関しては、現地の発音と異なる場合があります。

はじめに

ガラスの壜につめた幸せのかけら

子どもの頃、「花の子ルンルン」というアニメがありました。幸せをもたらす七色の花を探して、少女ルンルンが世界中を旅する物語です。主人公の少女のように、わたしも「幸せのかけら」を探して旅を続けています。

本文をお読みいただく前に、わたしが北欧に魅せられたきっかけについて少し触れたいと思います。ヘルシンキ工科大学（現アアルト大学）とのワークショップに参加するため、2002年の冬にフィンランドとスウェーデンを訪ねたのが最初でした。北欧の美しい街並みや親切な人々と出会い、「いつか北欧で暮らせたら……」と憧れを抱くようになりました。その後、2005年にデンマークのルイジアナ現代美術館を訪ねます。それがきっかけでいよいよ行動をおこし、翌2006年にコペンハーゲン大学に留学し、2年間滞在しました。

帰国後も毎年北欧へ調査旅行に出かけているので、北欧との付き合いは、かれこれ10年以上となりました。たくさんの人、たくさんの街、たくさんの建築と出会いました。

北欧はわたしの第2の故郷となり、北欧建築は今もわたしの大事な研究対象です。研究の成果は『アルネ・ヤコブセン』『北欧モダンハウス』（ともに学芸出版社）という学術書にまとめています。

しかし、この本はそれらとはまったく趣旨が異なり、とても個人的な経験を主観的に記しています。建築に恋をし、幸福を感じたときのエピソードをまとめたものです。

わたしは大切な思い出の数々をガラスの壜《びん》につめて、心の戸棚にしまっています。今回、本にまとめるにあたり、そのうちのいくつかをとり出し、蓋《ふた》を開けてみました。

壜につめられた記憶の断片は、一緒にしまわれていた「幸せのかけら」とともに熟成され、いくつものショートストーリーを生み出しました。まず人生の一場面をエピソードとして掲げ、それに続けて、建築空間において体験したこと、感じたことを記しました。

建築に、人生や恋愛を重ね合わせることは、かなり実験的な試みです。なぜこのように試みたかというと、空間体験を思い出すことと、過去の人生（とりわけ恋愛）を振り返ることに、共通点を見出したからです。ピリッとした緊張感、ほっこりした和みのひとときなど思い出の場面を、臨場感をもって描写しているとき、別の場面でも似たような経験があったことに気づいたのです。それらには共通して「幸せのかけら」が存在していたように思います。

「幸せのかけら」を探す旅は、人生そのものといってよいかもしれません。自分自身をみつめ直すためにも、身体感覚を研ぎすまし、ひとり旅に出かけてみてはいかがでしょうか。この本がその一助となれば幸いです。

目次

はじめに ……… 5

第一章 デンマーク

人生の踊り場 ……… 16
美しい階段 デンマーク国立銀行ほか ……… 18
写真と記憶 ……… 28
フォトジェニックな白いモダニズム建築 アルネ・ヤコブセン自邸ほか ……… 30
［コラム］ モビールとキャンドル ……… 42

もっと知りたい …… 44
何度も訪れたい美術館　ルイジアナ現代美術館 …… 46
もしも…… …… 56
最高に幸せな暮らしを再現　フィン・ユール自邸 …… 58
［コラム］　デンマークのクリスマス …… 66
引き出しの奥 …… 68
饒舌な内部空間　フォーボー美術館ほか …… 70
懐かしいあなた …… 80
懐かしさを感じる海辺の町　ドラウアの町並み …… 82
［コラム］　クリスチャニア　ラブ&ピースの生活 …… 88

第二章　スウェーデン

雨の日の失恋話 …… 92
死者は森に還り、悲しみは大地に吸収される　森の墓地 …… 94
図書館での愉しみ …… 104
本探しのプロセス　ストックホルム市立図書館 …… 106
［コラム］船でのひとり旅　シリヤライン …… 112
待つことは祈ること …… 114
待つための空間　ヨーテボリ裁判所増築 …… 116
運命の一瞬 …… 124
教会建築での出来事　聖ペトリ教会ほか …… 126
［コラム］アスプルンドの夏の家 …… 134

第三章　フィンランド

幸せのかけら …… 138
世界で一番好きな住宅　マイレア邸 …… 140
親密な空間 …… 150
愛する人と過ごす最小限の空間　コエタロのサウナ小屋ほか …… 152
［コラム］マリメッコとミナ ペルホネン …… 162
言葉のキャッチボール …… 164
呼応する関係　オタニエミの礼拝堂 …… 166
先がみえない …… 172
長いスロープ　キアズマ現代美術館 …… 174
［コラム］アルヴァ・アアルトのデザイン …… 180

第四章　ノルウェー

傷とかさぶた …… 184
過去を覆う増改築　ヘドマルク博物館ほか …… 186
見晴らしのいい場所 …… 196
都市の滑り台　オスロ・オペラハウス …… 198
［コラム］古きよきもの …… 206
優しい沈黙 …… 208
傾聴する公園　ヴィーゲラン彫刻公園 …… 210
唇の重なり …… 220
音の重なり　グリーグ邸 …… 222
［コラム］フィヨルド …… 230

第五章　アイスランド

虹色の嘘 …… 234
七色の箱　ハルパ・コンサートホールほか …… 236
［コラム］ブルーラグーン …… 246
あとがき …… 249
建築家・芸術家の略歴 …… 252

イラスト　Ｋａｌｏ
ブックデザイン　古谷哲朗

第一章——デンマーク

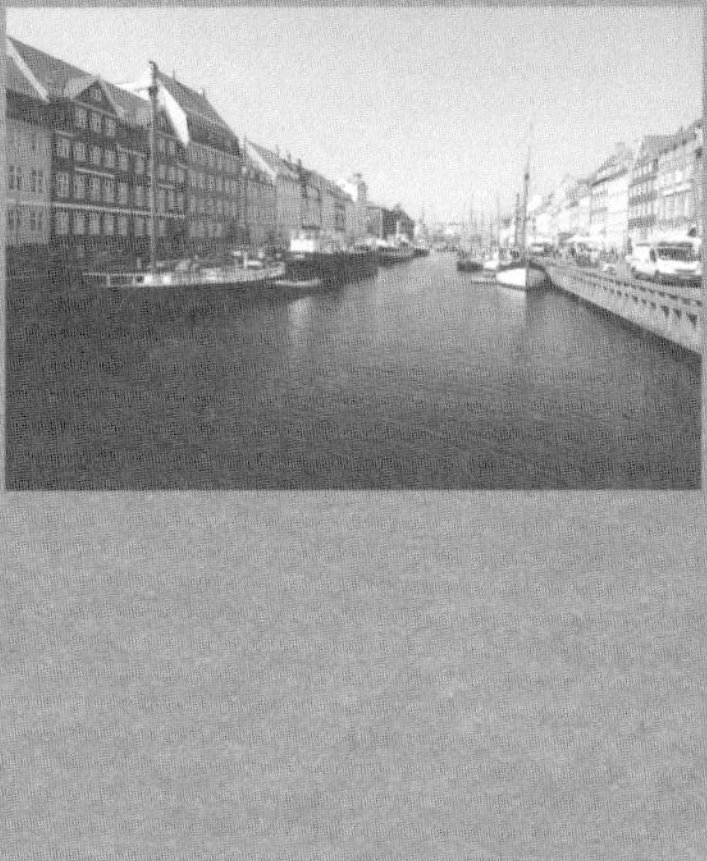

人生の踊り場

人生を階段にたとえるなら、
わたしがデンマークで過ごした2年間は踊り場だった。

足をとめて、まわりの景色を見渡し、
「こんなに高いところまで上ってきたのか」と後ろを振り返り、
「先はまだ長い」と今立ちどまっている自分の位置を確認する。

階段では、目の前にいる人を追い越したり、後ろから来た人に追い越されたり、
向こうからやってきた人とすれ違ったり、
通りすがりの一瞬の出会いはたくさんあった。

でも踊り場では立ちどまって話ができるのだ。
どこからやって来たのか、
どんなペースで歩いてきたのか、
どんな景色を眺めてきたのか、
どこへ向かっているのか、
そんなふうに情報交換ができる。

そうはいっても踊り場は長く滞留するところではない。
いくら居心地がよくても単なる通過点にすぎないのだ。
次のステージへ進むためにひと呼吸置き、
行き先が間違っていないか確認するためのスペースなのだ。

美しい階段

デンマーク国立銀行ほか

これまでの人生の中で、もっとも美しいと感じた階段。それはデンマークの建築家アルネ・ヤコブセンがデザインしたデンマーク国立銀行の階段です。警備員のいるエントランスを通り過ぎ、壁のつきあたりにあるその階段をみたとき、あまりの神々《こうごう》しさにその場に立ちすくんでしまったことを今でも鮮明に覚えています。

「ここは教会?」と思わせる天井の高いロビーに、壁面のスリットから細長い光が差し込んでいました。太陽の動きに合わせて光の帯が少しずつ移動していきます。これは時間が刻々と進んでいくさまを視覚的に表していると同時に、希望の光が一か所にとどまることなく、誰のもとへも平等に届く様子を示しているようにもみえます。無機質な冷たいコンクリートの壁面と、スリットから差し込むやわらかな光が対照的で、緊張感の中に、ある種の幸福感に似たあたたかさを感じました。

デンマーク国立銀行のエントランスホール

正面にある未来的なデザインをした階段は、まるで芸術作品のようです。あるいはＵＦＯへ導く階段のようにもみえます。階段の側面を縁どったジグザグの線が空へ上昇する様子を、透過性のあるガラスの手すり壁が浮遊感を、踊り場を照らすためにとりつけられた丸い照明が未来的なイメージを強く印象づけています。突然現れたＵＦＯが一瞬のうちに立ち去ってしまい、階段だけがそのまま残されてしまったかのようです。だとすると、床や壁を照らしている光の帯は、飛び立ったばかりのＵＦＯが発した光のビームでしょうか。不思議な空間にたたずみ、気がつくと全身に鳥肌が立っていました。

ヤコブセンがデザインした階段は不思議な魅力をもっています。美しい造形が際立つのは螺旋《らせん》階段も同様です。誰でも気軽に体験できる螺旋階段をふたつ紹介しましょう。

ひとつはオーフス市庁舎のエントランスホールにある螺旋階段です。オーフスはデンマーク第2の都市です。ホールには手すりに金色の真鍮《しんちゅう》を使った、気品のある階段がありました。螺旋階段はホール階から地下階へ伸びているので、一見みつけにくいのですが、地下階からみると、緩《ゆる》やかなカーブを描く曲線の美しさが目を惹きます。わたしは高貴な女性、貴婦人を思い

赤いワイヤーで支えられた吊り階段

浮かべました。女性の身体はしなやかな曲線美をもっています。男性なら愛する女性の身体のカーブをなぞって、指をすべらせたくなるのではないでしょうか。階段では手で触れる部分が手すりにあたります。ヤコブセンの螺旋階段を目の前にしたとき、わたしは自然と手すりに手がいき、緩やかなカーブに沿いながら、一歩一歩下りていきたいと思いました。

もうひとつ、SASロイヤルホテルのエントランスロビーにある螺旋階段をおすすめします。こちらはコペンハーゲン中央駅の近くにあります。ヤコブセンは20世紀を代表する建築家ミース・ファン・デル・ローエをこよなく敬愛していました。特にSASロイヤルホテルでは、ミースのバルセロナ・パビリオンを意識しているのが表れています。ミースのパビリオンは垂直水平性を強調したシンプルなデザインですが、そこに女性の裸体の彫刻作品を置くことによって、それを際立たせていました。ヤコブセンもまたホテルのロビーにエッグチェア、スワンチェアなどの曲線的なデザインの椅子を配置することによって、ロビーに流動性を与えました。そして曲線的デザインの最たるものが螺旋階段です。エッグチェア、スワンチェアも、螺旋階段も、360度回転するデザインです。空間にくるくるまわる「動く装置」がいくつ

上．オーフス市庁舎のエントランスホールから地下階へ伸びる螺旋階段
下．床のフローリングのデザインも美しい。

も組み込まれたことによって、ロビーに華やかさと動きが加えられました。

わたしはその螺旋階段をみたとき、オーフス市庁舎の螺旋階段と同様に、上から下りてくるエレガントな女性の姿を思い浮かべました。彼女はロングドレスを身にまとい、翻《ひるがえ》るスカートの合間からハイヒールを覗かせ、ゆっくりと優雅に階段を下りていきます。それはまるでワルツを踊って、ターンをしているかのようです。

国立銀行の階段が天へ向かって上昇していく階段だとすれば、ＳＡＳロイヤルホテルやオーフス市庁舎の螺旋階段は、美しい貴婦人が優雅に下りていく階段だと思いました。

人生を階段になぞらえると、人はどこへ向かって歩みを進めているのでしょう。楽園のような苦しみのない世界でしょうか。きっと上にいけばいくほど天に近くなり、気持ちのよい世界がひろがっているに違いありません。また、下りたところには舞踏会のような華やかな世界があるのかもしれません。そしてその途中にある踊り場は、一歩踏み出すための休息スペースなのです。いき着く先の幸福を信じて……。

SAS ホテル外観

SASロイヤルホテルのエントランスロビー。手前にあるのはスワンチェア。

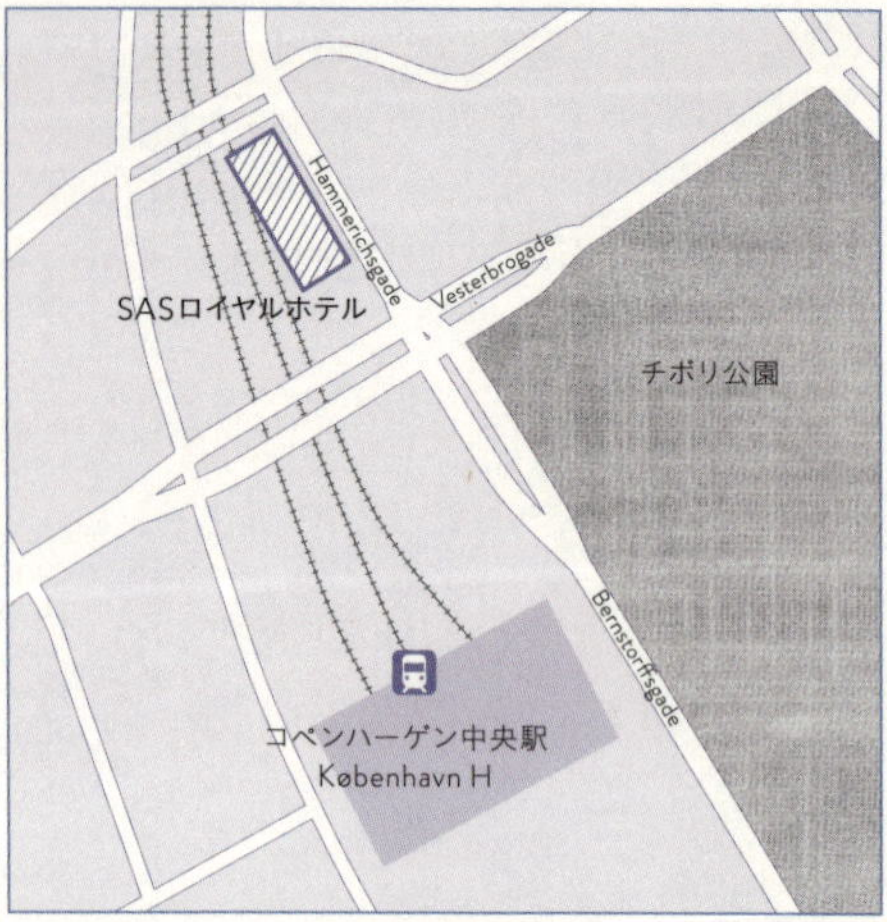

行き方

コペンハーゲン中央駅のチボリ方面の出口を出て左折、徒歩5分。

SASロイヤルホテル
SAS Royal Hotel
Radisson Blu Royal Hotel, Copenhagen

1960年
アルネ・ヤコブセン
Arne Jacobsen（以下同）

Address: Hammerichsgade 1, Copenhagen
Phone: +45 3342 6000
www.radissonblu.com/royalhotel-copenhagen

唯一オリジナルのままになっている606号室は予約が入っていなければ見学することができます。

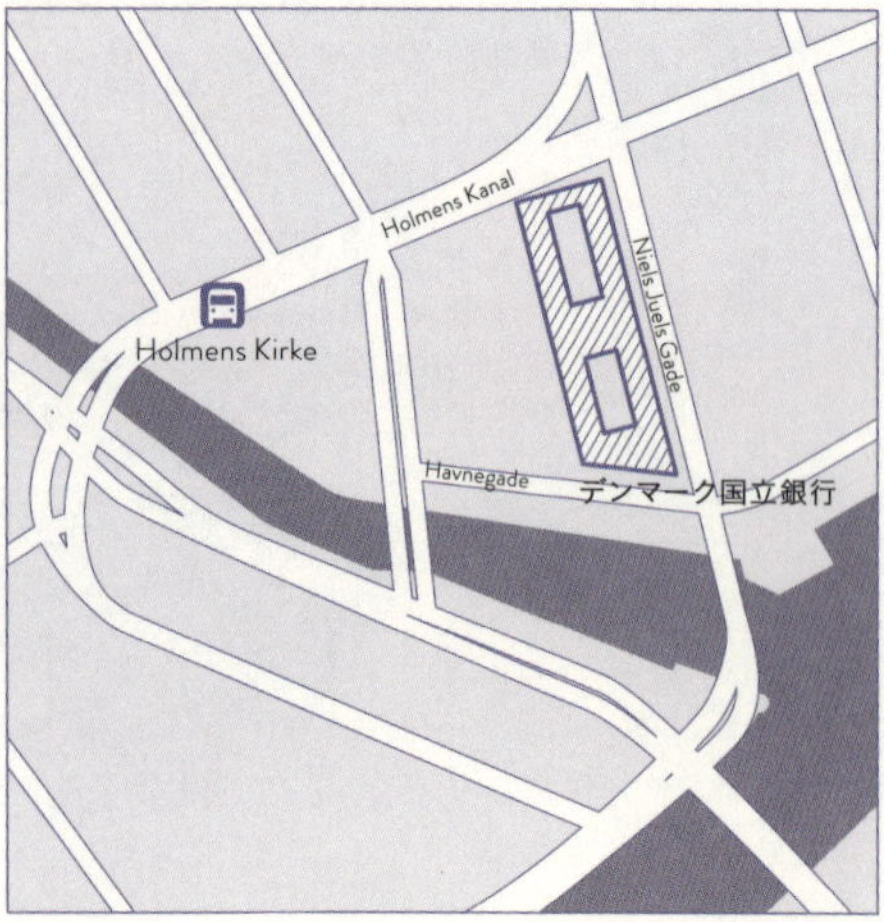

行き方

コペンハーゲン中央駅から1Aバスで Holmens Kirke へ（約5分）、下車徒歩3分。

デンマーク国立銀行
The National Bank of Denmark
Danmarks Nationalbank

1971年

Address: Havnegade 5, Copenhagen
Phone: +45 3363 6363
www.nationalbanken.dk

エントランスホールのみ見学することができます。

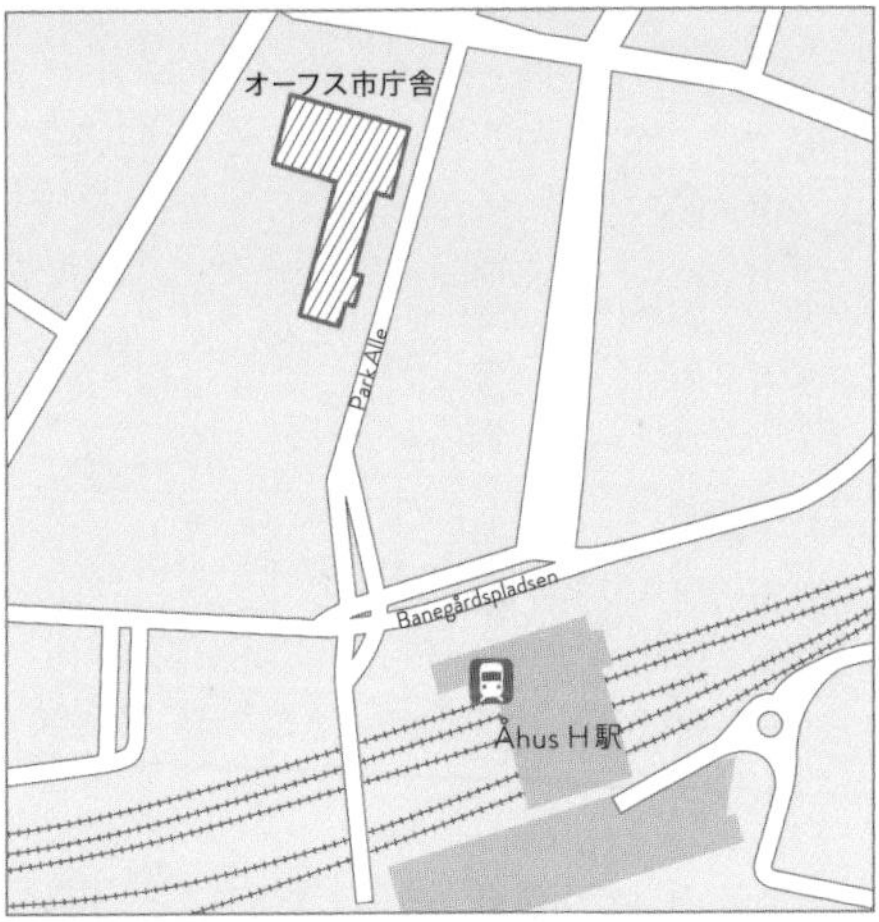

オーフス市庁舎
Aarhus City Hall
Århus Rådhus

1942年

Address: Rådhuspladsen 2, Aarhus
Phone: +45 8940 2000
www.aarhus.dk

行き方

コペンハーゲン中央駅から特急列車 ICLで Århus H 駅へ（約3 時間）、下車徒歩 5 分。

ガイドに記載されている情報は以下の通りです。

建築名　日本語/英語/現地語
竣工年
設計者名　日本語/現地語
住所
電話
ホームページ
開館日、休館日など
＊開館時間、休館日等は、季節や年によって変わるため、最新情報はホームページで確認してください。
＊行き方は各都市の中央駅からの標準的なアクセス方法のみ記してあります。
＊地図の縮尺はそれぞれ異なります。

■地図中の記号について

建物
駅
バス停
海、川などの水辺

写真と記憶

一枚の写真を手にとってみる。
爽《さわ》やかな笑顔。
語りかけるような表情でこちらを向いている。
わたしの顔もついほころび、あなたに微笑みがえし。
人目を気にせずじっと写真をみつめる。

写真は記憶をフラッシュバックさせることができる。
そして過去の記憶には、身体に刻み込まれた五感がともなう。
視覚によって呼びおこされるほかの感覚。
あの人の匂い、

あの人の声、
あの人の肌の温もり。
写真によってふたたびそれらを想起し、
過去の甘美な思い出に浸る。

写真をみつめるひとときは、
誰にも邪魔されない
密やかな至福のときである。

楽しかった過去を振り返り、
これからの未来を思い描く。
現実のあなたとまた逢える日を心待ちにして。

フォトジェニックな白いモダニズム建築
アルネ・ヤコブセン自邸ほか

青空を背景にすると、白い箱型のモダニズム建築は写真映《ば》えします。青と白の爽やかなコントラストが、それを際立たせるのでしょう。近代建築の巨匠ル・コルビュジエが豆腐のような白いモダニズム建築をこの世に送り出したとき、その姿を目にした人はその斬新さに驚いたに違いありません。当時の写真はほとんどが白黒でしたが、陰影のないのっぺりとした建物の外観は、かえって目を惹いたと思います。なぜなら直線的で余白が目立つモダニズム建築は、2次元の写真に映し出されると、その平面性がより強調され、一枚の幾何学的な抽象画のようにみえるからです。白い箱型建築は当時の白黒写真でも、ある意味フォトジェニックだったと思います。

ル・コルビュジエが提唱する新しい時代の建築様式の評判は、北欧の国デンマークにも伝わり、1920年代後半からアルネ・ヤコブセンらが試みるようになりました。

上．庭から眺めたアルネ・ヤコブセン自邸
下．自邸の玄関と増築したアトリエ棟

ヤコブセンの自邸を訪れたとき、写真でみたままの姿に驚きました。まるでテストの答え合わせで、正解とぴったり同じだったような気分になりました。緑の芝生、青い空、白い箱型の建物。わたしが目にしていた自邸の写真のほとんどは庭からのアングルでしたが、たしかにもっとも建物の直線的な輪郭が際立ち、写真映えする位置です。建物の横に植えられた樹は、ひろがった枝葉がきれいに刈り込まれ、写真でみていたものよりも少し大きく育っていました。

さらに実際の建物はいろいろな表情をみせてくれました。たとえば、玄関まわりには円をモチーフとしたデザインが組み込まれ、庭からみる直線的な外観からは想像し得なかった幾何学デザインがありました。また、増築されたアトリエ棟との違和感のないつながりも知ることができました。

わたしが訪ねたとき、そこには建築家一家が暮らしていました。笑顔の素敵な奥様とおしゃまな女の子が家の中を案内してくれ、まるで祖父を語るかのように、ヤコブセンについて自慢げに語ってくれました。そのおかげで、ヤコブセンの意外な一面を知ることができました。ヤコブセンは、いつも自分の仕事場のデスクの窓から庭を眺めており、しまいには冬でも植物を観賞できるよう温室を増築したそうです。一番のお気に入りは常緑のサボテンでした。つらく長いデンマークの冬を、少しでも豊かな気持ちで乗り越えようとする暮らしのアイディアが盛り込まれています。彼にとってささやかな幸福感は、緑によってもたらされたに違いありません。

ヤコブセンは、1930年代も白いモダニズム建築を数多く手掛けています。最高峰といわれているのは、ベラヴィスタ集合住宅です。クランペンボーというコペンハーゲンから電車で20分ほどのところにあります。中庭を囲むコの字型の住宅で、それぞれの住戸にテラスがついています。テラスに出るとベルビュービーチが望めます。その隣りにあるベルビューシアターは、波を意識した曲線の長いひさしが特徴的です。これら白い建物群が忽然《こつぜん》と姿を現すと、まるで南国のリゾート地のようで、ここが北欧デンマークであることを忘れてしまいます。

ヤコブセンは子どものころ、両親に連れられてよくこの海岸を訪れました。王立芸術アカデミー建築学校の卒業制作でも、この地にナショナルミュージアムを提案しています。それほどヤコブセンにとってなじみがあり、思い入れのある土地だったのです。

上．道路からみたベラヴィスタ集合住宅
下．海を望むテラスが各住戸に設けられています。

各住戸の玄関へ向かう階段室

ある日、ベラヴィスタ集合住宅に住むカップルを訪ねました。ヤコブセンを愛してやまないふたりです。日本からきたみず知らずのわたしを快く家に招き、取材に応じてくれたのは、「アルネ・ヤコブセン」という共通点があったからです。ヤコブセンのおかげで、彼らとの交流は今でも続いています。

建物のインターフォンを押し、各住戸へ通じる階段室に入りました。まずそこで外観からは

ベルビュービーチにある監視塔

想像していなかった内部の美しいデザインを目にしました。わたしはヤコブセンを「ディテールの人」、つまり細部までこだわりをもってデザインする人だと思っています。たとえば階段の手すりやドアノブの美しいデザイン、階段室を満たすやわらかな自然光。住戸にいたるまでの空間で、すっかりヤコブセンの粋《いき》なデザインに魅了されてしまいました。窓からの光に導かれるように、階段を一歩一歩上り、わくわくと高揚感を高まらせていきました。各住戸のドアの前には玄関マットやネームプレートが置かれ、それぞれの独自性を出しています。

玄関先で出迎えてくれたふたりと握手を交わしました。「この男性が電話で話した方だったのね」と心の中でつぶやきました。実際会ってみると想像していたよりもずっと年上にみえます。

ひと通りの挨拶を終え、ようやく住宅の中に迎え入れられ、リビングに通されると、ガラス越しにひろがる青い海、青い空のパノラマビューが目に飛び込んできました。窓辺に歩み寄ると、アーティストの彼女がテラスの扉を開けて、「こっちの方がよくみえるわよ」と手招きしてくれました。テラスに出ると、爽やかな海風とともに潮の香りが鼻の奥にひろがりました。テラスには白いテーブルの上に色とりどりの花が植えられたフラワーポットが置かれています。

「これを使って、あの海をみてごらん」と、男性が重量感のある双眼鏡を手渡しました。ふたつの穴を覗くと、海に浮かぶヨットに乗っている人の顔までくっきりとみえます。さらにその後ろには複数の石油タンカーがゆっくりと動いています。

彼女はこのテラスが気に入って、即購入を決めたそうです。ふたりはいつもここで海を眺めながらゆったりした日々を過ごしています。このテラスはふたりにとって、一番幸福を感じる場所なのです。

海の色は同じ青でも、天候によって、季節によって、変化します。長年住んでいるからこそわかるその変化。海を眺めていると、たとえけんかをしてもそれがちっぽけなことに思え、すぐに仲直りするそうです。海はなんでも受けとめてくれる寛容さがあります。ふたりの仲睦《なかむつ》まじい姿をみて、わたしもいつか海を眺めながら暮らしたいと思いました。

ベラヴィスタ集合住宅の写真をみるたびに、その場で体験した波の音、潮の香り、海風の記憶がよみがえります。写真は色あせない記憶を一遍に思い出させてくれます。そこで交わした会話、ふたりの幸せそうな笑顔までも、思い浮かべることができます。大事な記憶のかけらが、写真にはつまっているのです。

ベルビュービーチ。監視塔や更衣室もヤコブセンによるデザイン。

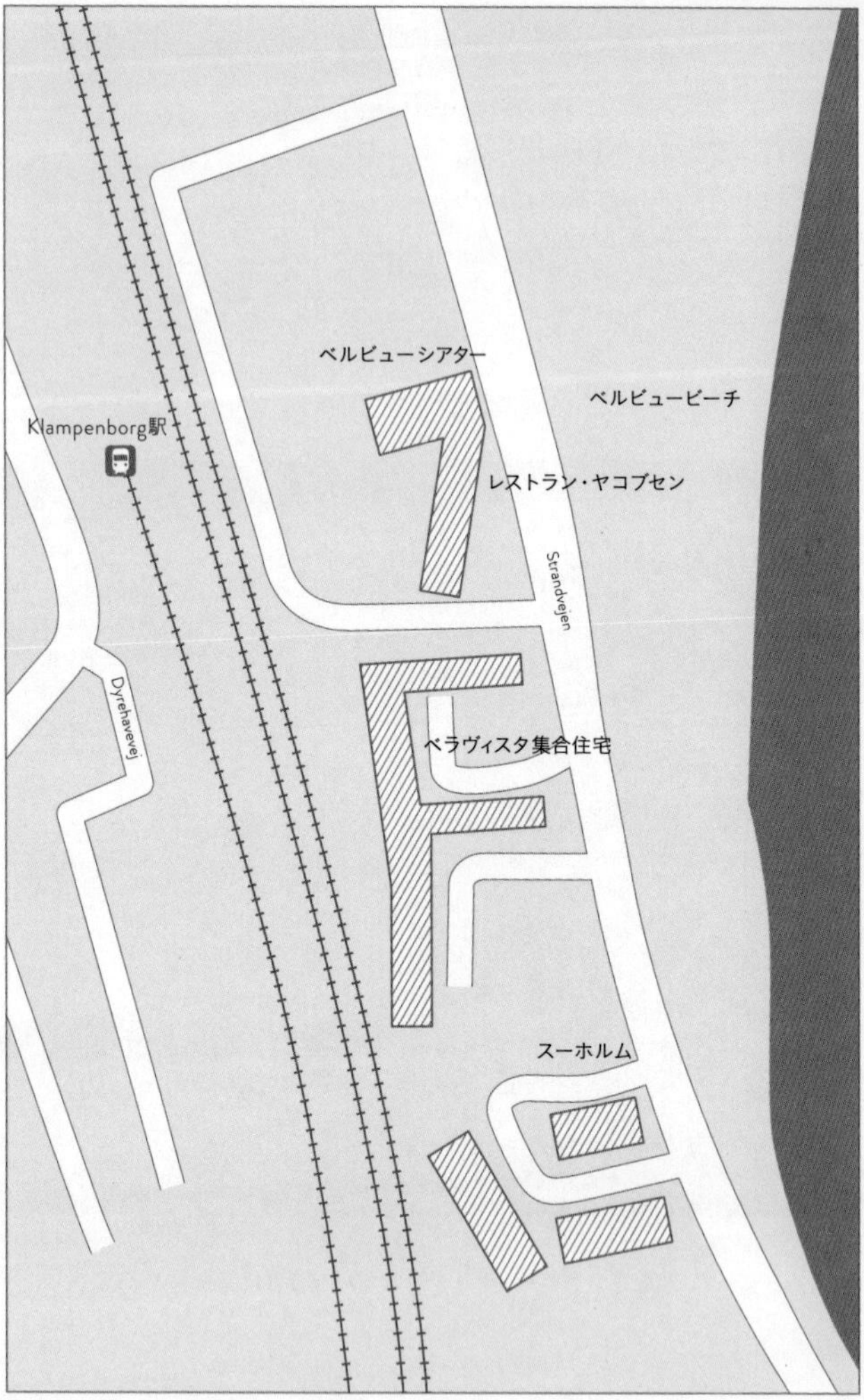

行き方

コペンハーゲン中央駅から国鉄Reもしくは近郊列車S-togでKlampenborg駅へ（約20分）。

アルネ・ヤコブセン自邸
Arne Jacobsen Own House
Arne Jacobsens Eget Hus

1929年
アルネ・ヤコブセン / Arne Jacobsen (以下同)

Address: Gotfreds Rodes Vej 2, Charlottenlund
内部非公開

ベラヴィスタ集合住宅
Bellavista Housing Complex
Bellavista Boligbebyggelse

1934年

Address: Strandvejen 419-433 and Bellevuevej 1-7, Klanpenborg
内部非公開

ベルビューシアター
Bellevue Theater
Bellevue Teatret

1937年

Address: Strandvejen 451, Klampenborg
Phone: +45 3963 6400
www.bellevueteatret.dk

レストラン・ヤコブセン
Restaurant Jacobsen

1937年

Address: Strandvejen 449, Klampenborg
Phone: +45 3963 4322

スーホルム I, II, III
Søholm I, II, III

1950~55年

内部非公開

ヤコブセンが戦後に設計した住宅です。

モビールとキャンドル

今でもデンマーク流のライフスタイルをいくつか続けています。ひとつはモビール。疲れているとき、室内の天井からぶら下がったモビールを、なにも考えずにぼーっと目で追います。空気の動きに合わせ、ゆらゆら、くるくる、同じ場所にとどまることなく動き続けています。微妙な空気の振動に反応し、あるものは弧を描いたり、あるものは上下に運動したり、あるものは回転したり、それらが連動して、複雑で多様な動きが生まれます。宙に舞う3次元の立体物＝モビールは、まるで生き物のようです。空気の流れに身をまかせ、無力にさまよっています。

「ケ・セラ・セラ。明日吹く風に身をまかせよう」そんな声が聞こえてきそうです。しかしモビールの動きをじっくり観察していると、ただ流されているのではないことに気づきます。きちんと空気の動きを計算してつくられたデザインなのです。モビールの線や面の動きの軌跡をたどると、ある空間が構築されていることがわかりま

す。天井から吊るされた一本の糸を軸とし、まるで宇宙に漂う恒星のように、決められた軌道をゆっくりと動いているのです。ただ恒星と違うのは、逆まわりをすることもあるし、スピードも一定でない、ということです。

　モビールといえば、デンマークのフレンステッド社が有名です。お土産におすすめの一品です。

　もうひとつはキャンドルです。デンマークでは「ヒュッゲ」という心地よい幸せなひとときに、キャンドルを必ず用います。わたしは日本でも仕事モードをオフにする際、照明を落とし、キャンドルに灯をともすようにしています。アロマなどなにか香りをともなうものであれば、なおのことリラックスできます。そして好きな音楽をかけ、お酒を飲み、ほっと一息つきます。キャンドルの炎もまた空気の動きに合わせ、ゆらゆらと揺らめき、炎とともにできた影も同じようにゆらゆらと壁に映し出されます。

　ここでも、みえない空気の動きがキャンドルによって可視化されるのです。これらの揺らぎをみていると、リラックスを促すα《アルファ》波が脳から出てくるそうです。

　このように空気の揺れを感じながら、目にみえない人の気持ちも、空気を通して伝わるのではないか、と思いました。

もっと知りたい

なぜだろう。あの人のことが気になってしょうがない。
あれ以来、あの人のことをずっと考えている。
それは、恋のはじまりかもしれない。
あのときの出来事を頭の中で再現しては、
逢いたい気持ちを募らせていく。
繰り返すことによって、記憶は少しずつ美化され、心に刻まれていく。

再会後、「こんな一面もあったのか」とがっかりすることもある。
逆に、「もっと知りたい」と思うこともある。
知れば知るほど好きになる。

それはもう恋の魔法にかかってしまった証拠だ。

その人の意外な一面を知っていくことが
少しずつよろこびに変わりはじめ、
おぼろげだった輪郭がくっきりと確かなものに変容しはじめると、
最初に意外だと感じたことも、だんだんしっくりしてくるものだ。

ふたたびあの人のことを考える。
離れていても、四六時中頭から離れない。
次に逢ったら、なにを聞こうか。
わたしの中であの人の存在は
計り知れないものとなってしまった。

何度も訪れたい美術館
ルイジアナ現代美術館

知れば知るほどその魅力にとりつかれてしまった建築。それは「ルイジアナ現代美術館」です。その存在を知ったのは、複数の人にすすめられてでした。

「デンマークにいったら、必ず訪れるといいよ。あの建築は素晴らしい」

建築を学んでいるとその設計者が気になるので、すかさず尋ねてみました。

「デンマーク人の建築家。名前は忘れたけど、建築はほんとうに素晴らしいんだよ」

その建築を回顧する彼らの表情は、初恋の人を思い浮かべるようなうっとりとした、遠い目をしていました。建築を学ぶ者にとって、建築はふつう「××が設計した○○」というくくりで頭にインプットされるものですが、この美術館に限っては、設計者はさほど重要ではないようです。いかに素晴らしい建築であるかは、それを語る彼らの表情だけでなく、力説する言葉の端々《はしばし》からも伝わってきました。それ以来、「ルイジアナ」という名前を耳にするたびに、とても気になる存在となったのです。

最初に訪れたのは、２００５年。スイスを起点に鉄道で北上する旅の終着点がデンマークでした。コペンハーゲン滞在2日目の晴れた朝、ルイジアナへ向かいました。コペンハーゲンから北へ35キロのフムレベックにあります。誰もが素晴らしいと絶賛するあの美術館へ。鉄道に揺られながら、心を躍らせました。

ようやくたどり着いたルイジアナはわたしの期待を裏切ることなく、いやそれ以上に、心をぐっと捉えて離しませんでした。大袈裟《おおげさ》でなくわたしの人生を変えるほどの出来事となったのです。それから1年後、荷物をまとめてふたたびデンマークへ飛び立ったのですから。留学先をデンマークに決めた理由、それはルイジアナとふたたび巡り逢うため、もっと深く知るためでした。

ルイジアナの魅力のひとつは、周囲の自然のランドスケープと一体化した建物と敷地全体の調和にあります。オーレスン海峡を望む小高い丘の上に建つ美術館は、緑の絨毯がひろがる彫

左．広大な敷地には彫刻作品が点在しています。オーレスン海峡の向こうにスウェーデンがみえることもあります。
下．アレクサンダー・カルダーのモビールは風に乗って動きます。

刻広場を中心に、ぐるりと複数の建物がとり囲む空間構成になっています。由緒ある邸宅を改築した既存の建物が美術館の入り口となっており、そこを起点として展示ギャラリーが新しく建設されました。その後も増築工事を繰り返し、ようやく現在の回遊性のある形態となりました。起伏のある敷地のため、建物はそれに合わせて高低差が設けられており、地上だけでなく地下にも展示室があります。天井高は展示室ごとに異なり、変化に富む展示空間が流動的につながっている構成です。今までにない新鮮さを感じました。

次に訪れたとき、展示室を移動する際の通路で、どっちへ向かおうか何度も迷ったのを記憶しています。通路には大きな窓があり、外へ出るための扉が随所にあります。展示室で現代アートが繰りひろげるイマジネーションの世界はあまりにも濃密で、ひと呼吸置くためにも自然が恋しくなります。窓の外にある自然の風景は、ほっとひと息つける「箸休め」的存在といえ、屋外に点在している彫刻作品たちも「こっちへおいでよ」と誘っているかのようにみえます。屋外のきれいな空気を吸い、太陽の光を浴び、海風を受け、緑豊かな自然と触れ合うために、わたしは内と外を何度も往復することになったのです。

上. 大きなガラス窓の回廊では日本的情緒を感じます。
下. アルベルト・ジャコメッティのコレクション展示。窓の風景は一枚の絵画のよう。

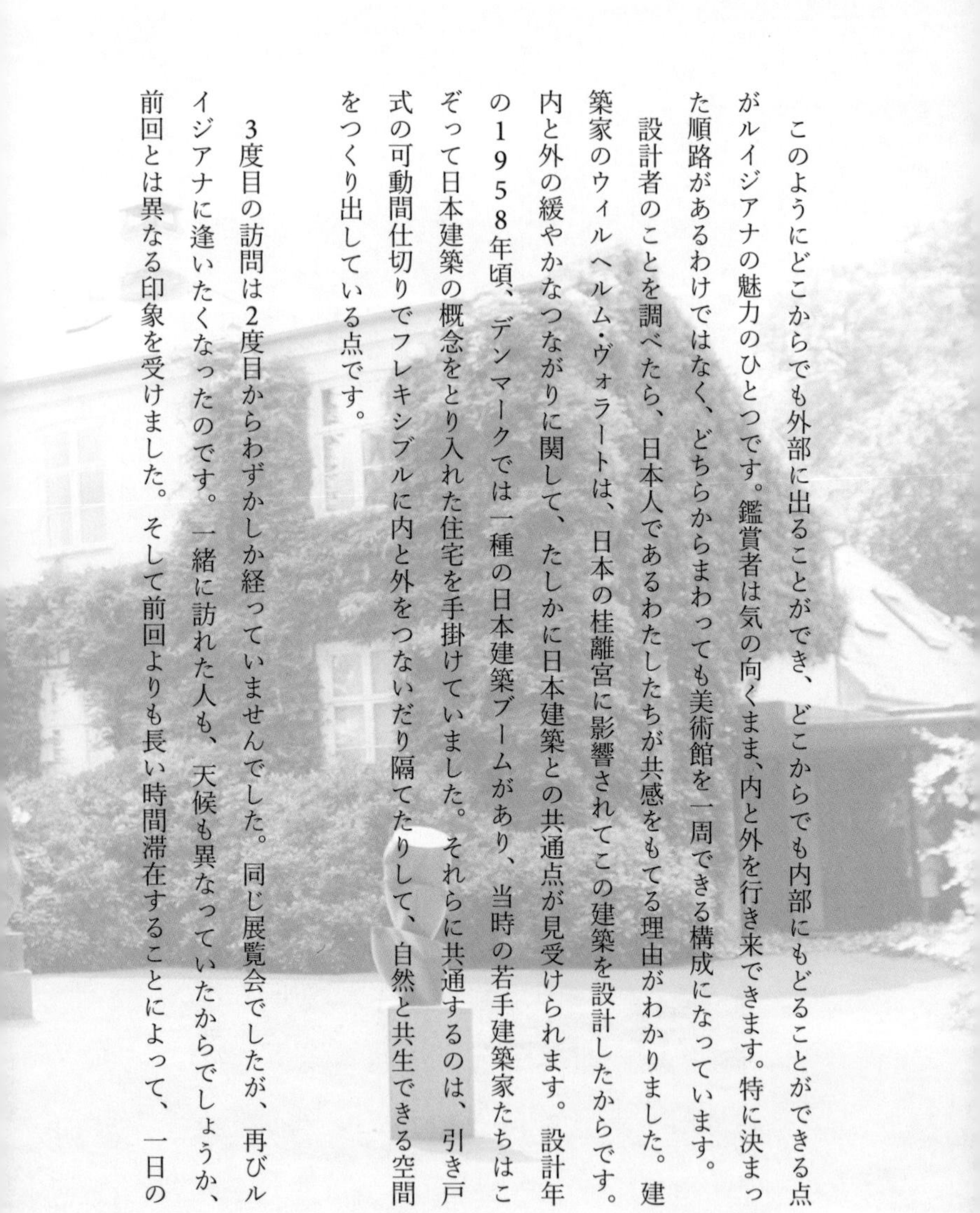

このようにどこからでも外部に出ることができ、どこからでも内部にもどることができる点がルイジアナの魅力のひとつです。鑑賞者は気の向くまま、内と外を行き来できます。特に決まった順路があるわけではなく、どちらからまわっても美術館を一周できる構成になっています。

設計者のことを調べたら、日本人であるわたしたちが共感をもてる理由がわかりました。建築家のヴィルヘルム・ヴォラートは、日本の桂離宮に影響されてこの建築を設計したからです。内と外の緩やかなつながりに関して、たしかに日本建築との共通点が見受けられます。設計年の1958年頃、デンマークでは一種の日本建築ブームがあり、当時の若手建築家たちはこぞって日本建築の概念をとり入れた住宅を手掛けていました。それらに共通するのは、引き戸式の可動間仕切りでフレキシブルに内と外をつないだり隔てたりして、自然と共生できる空間をつくり出している点です。

3度目の訪問は2度目からわずかしか経っていませんでした。同じ展覧会でしたが、再びルイジアナに逢いたくなったのです。一緒に訪れた人も、天候も異なっていたからでしょうか、前回とは異なる印象を受けました。そして前回よりも長い時間滞在することによって、一日の

既存の邸宅を改築して美術館に。

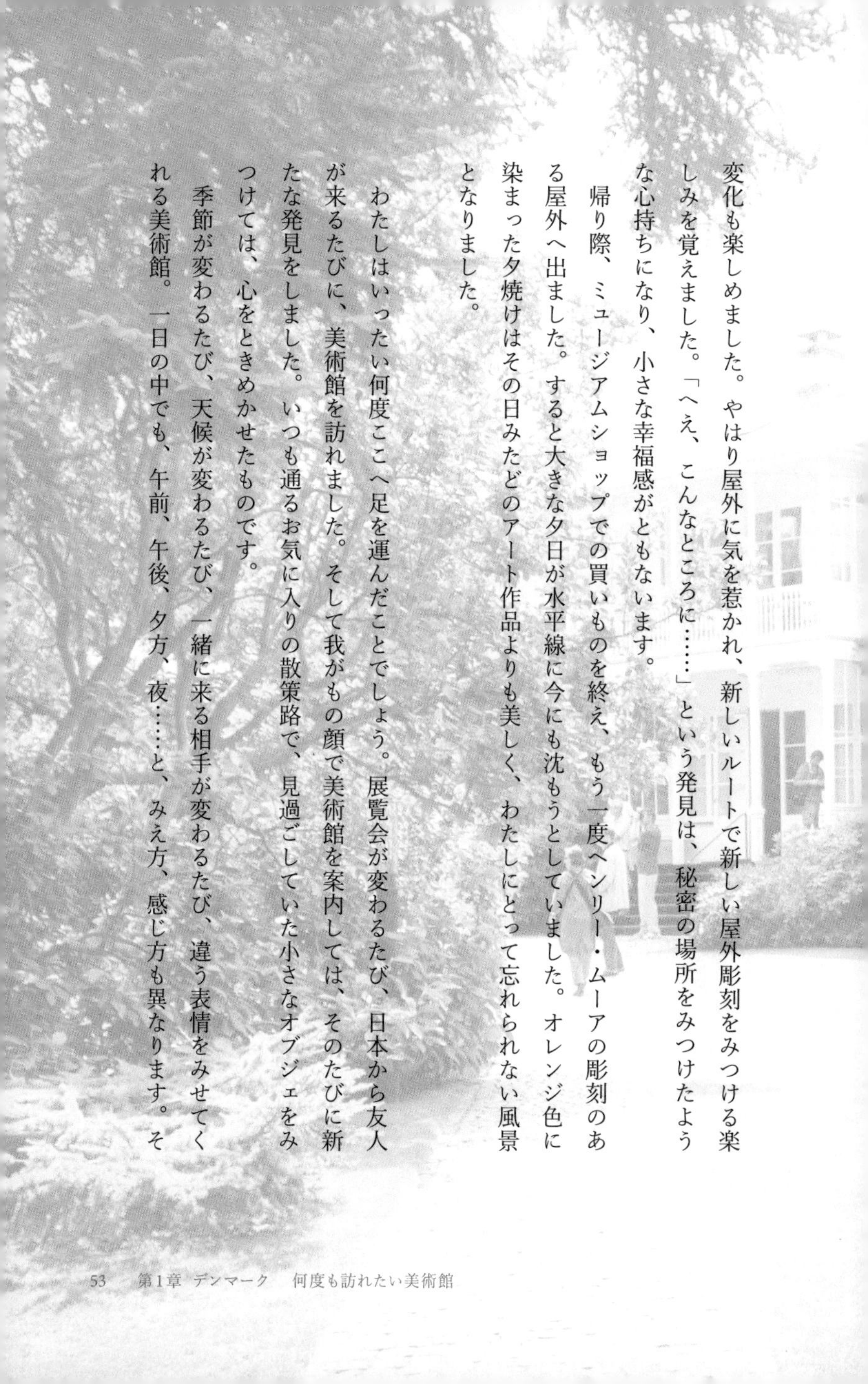

変化も楽しめました。やはり屋外に気を惹かれ、新しいルートで新しい屋外彫刻をみつける楽しみを覚えました。「へえ、こんなところに……」という発見は、秘密の場所をみつけたような心持ちになり、小さな幸福感がともないます。

帰り際、ミュージアムショップでの買いものを終え、もう一度ヘンリー・ムーアの彫刻のある屋外へ出ました。すると大きな夕日が水平線に今にも沈もうとしていました。オレンジ色に染まった夕焼けはその日みたどのアート作品よりも美しく、わたしにとって忘れられない風景となりました。

わたしはいったい何度ここへ足を運んだことでしょう。展覧会が変わるたび、日本から友人が来るたびに、美術館を訪れました。そして我がもの顔で美術館を案内しては、そのたびに新たな発見をしました。いつも通るお気に入りの散策路で、見過ごしていた小さなオブジェをみつけては、心をときめかせたものです。

季節が変わるたび、天候が変わるたび、一緒に来る相手が変わるたび、違う表情をみせてくれる美術館。一日の中でも、午前、午後、夕方、夜……と、みえ方、感じ方も異なります。それはなぜかと考えると、刻々と変化する大地、空、海と、絶妙に調和しているからでしょう。ルイジアナはそれらの変化を受け入れる、いやそれらとともに変化する美術館なのです。そもそも大自然に勝る美はありません。

ルイジアナの魅力は、大自然の懐《ふところ》に抱かれながら、異なる美が呼応し合っている点にあります。屋内では現代アートのもつ魅力に迫り、屋外では大自然の息吹《いぶき》を感じる。また、屋内から眺める自然の風景、屋外から眺める美術館建築も格別です。このように、内から外へ、外から内へ、という視線の移動による対比は、それぞれのよさを際立たせます。そうやって視線や身体を屋内外へ行き来させながら、アートと自然を感じることは、この上ない贅沢な体験だと思います。

わたしが世界一大好きな美術館。今もなお、わたしの心を捉えて離しません。大地と空と海とともにあるあの美術館のことを、わたしはもっともっと深く知りたいと思っています。

行き方

コペンハーゲン中央駅から国鉄 Re で Humlebæk 駅へ（約 30 分)、下車徒歩 15 分。

ルイジアナ現代美術館
The Louisiana Museum of Modern Art
Louisiana

1958年
ヨーエン・ボー、ヴィルヘルム・ヴォラート
Jogen Bo & Vilhelm Wohlert

Address: Gl. Strandvej 13, Humlebæk
Phone: +45 4919 0719
www.louisiana.dk
Open: 11:00~22:00 (火~金)、11:00~18:00 (土日祝)
Closed: 月曜日

Nørreport 駅で、鉄道往復チケットとミュージアムチケットのセット販売を購入するのがお得です。
「ルイジアナ」という名は最初のオーナーの妻の名前「ルイーズ」から来ているそうです。彼は3度も結婚しましたが、どの妻も偶然「ルイーズ」という名前でした。

もしも……

あなたにとって最高に幸せな瞬間を想像してみよう。
「もしも……」を使って。

もしも長期の休日がとれたら……
誰と一緒に、どこで過ごしているだろう。

もしも好きな人と結婚できたら……
どんな家に住んで、どんな家族と暮らしているだろう。

もしも今日が誕生日だったら……

どんなプレゼントをもらって、どんなおいしいものを食べて、
誰にお祝いしてもらうのだろう。

空想の世界で夢を語るのは楽しいこと。
夢が現実のものになればもっと嬉しい。

恋に落ちた男女も、
「もしも……」を使って相手に問いかける。
相手の気持ちを確かめるため。
自分の気持ちを示すため。

「もしも……」は可能性を秘めた魔法の言葉なのだ。

最高に幸せな暮らしを再現

フィン・ユール自邸

「いらっしゃい。僕のおうちへようこそ」

玄関先で主人が握手を求め、出迎えてくれるような気がしました。建築家フィン・ユールの自邸を訪ねたとき、まるで彼が家の奥から出てきそうな気配だったのです。没後、資料館になる芸術家の邸宅はよくありますが、「生きている気配」を感じたことはありません。でもここでは、仕事をする彼、くつろぐ彼、料理でもてなす夫婦の姿などが、目に浮かんだのです。「生きた空間」がそこにありました。

彼の自邸はコペンハーゲン郊外の高級住宅地ヘラロップにあります。実はヤコブセンの自邸（30ページ）はすぐ目と鼻の先にあります。現在、ユール邸はオードロップゴー美術館が所蔵し、2008年より一般公開しています。2003年まで彼の伴侶が暮らしており、彼女が亡く

庭から眺めたフィン・ユール自邸

なった後はしばらく放置されたままでした。その後、遺族が家を丸ごと寄贈し、彼が生前暮らしていた状態に復旧し、内部を公開することにしたのです。おとぎ話に登場するような三角屋根と煙突が特徴の白い建物です。はじめてその建物をみたとき、「これが彼の設計した建物なの？」と正直驚きました。直線的でシンプルなモダニズム様式の建物は、彼のデザインする椅子とあまりにかけ離れた形態だったからです。

フィン・ユールの肩書きは建築家ですが、むしろ家具デザイナーとしての仕事が大半で、その方面で名前が知られています。デンマーク国内のみならず、アメリカなど海外から高く評価され、ニューヨーク近代美術館にもコレクションされています。彼のデザインした椅子の特徴は、丸みを帯びた彫塑的な造形で、ひとつひとつが芸術作品のようです。

自邸には商品化されなかったものも含め、様々なデザインの家具が空間に息づいていました。特に彫刻家ブランクーシの作品を彷彿《ほうふつ》とさせる彫刻的要素の強い椅子が目を惹きます。同時代に生きたハンス・ウェグナー、ポール・ケアホルムなどのデンマーク・モダンデザインを代表する家具デザイナーたちが無駄を削ぎ落とし、シャープで機能的なデザインを追求したのに対し、フィン・ユールはまったく別の方向へ向かっていました。そのためデンマーク国内では当時、なかなか認められず、異端児とみなされていたようです。

建築家であるにもかかわらず、彼の実作はわずかです。1942年に自邸は完成していましたが、「もし私がこの世から去るまでに自分でデザインした家具、絨毯、カーテン、付属品、食器、グラス、銀器などのある自宅を自ら設計し、それを成し遂げるのであれば、私は本当の目的を達成したと言えよう」と述べています(「デンマーク人工業デザイナー3人が専門について語る」1951年より抜粋)。おそらく内部のプロダクトに対するこだわりが残っていたのでしょう。彼はかたちやデザインのみならず色についてもこだわり、空間全体に調和を求めました。家具の張り地はもちろんのこと、壁に掛けられた絵画作品にいたるまで、色のコーディネートを試みています。たとえば、居間の暖炉のそばには伴侶を描いた絵画が掛けられ、黄色の洋服が空間にアクセントを与えています。

仕事机付近にはアメリカ国連ビルの会議場のインテリアデザインの図面が掛けられていました。これは彼が国外で評価を受けた重要なプロジェクトで、生涯の中でもっとも充実していた幸せな時期にあたります。額に入れられた図面は輝かしい勲章のようでした。

「もしも彼が建築家として評価されていたら……」

どんな建築が実現したでしょう。わたしが思うに、彼はきっと椅子のような彫刻的な建築に挑戦したかったのではないでしょうか。椅子をひとつの建築と捉え、生涯に渡り追求し続けたユールは次のように述べています。「一脚の椅子は、部屋にあるただの工業デザイン製品ではない。椅子はそれ自身で一つの形であり、一つの部屋である」（"Arkitektens Manedsheffe"〈建築家向けの月刊ダイジェスト〉第8号1944年より抜粋）。

たしかに自邸を訪れたとき、椅子は彫刻作品のようにひとつひとつが適度な距離を保ち、空間に散りばめられている印象を受けました。どれも生前、彼が愛用していた実物です。椅子だけでなく、好きな

ザハ・ハディド設計のオードロップゴー美術館（新館）

絵、好きなファブリック、好きな民芸品などに囲まれた空間は、彼のこだわりによってその配置が練られたもので、彼の理想とした暮らしそのものなのです。彼が満足そうに椅子に腰掛けている情景が目に浮かびます。もし彼が生きていたら、こう尋ねてみたいです。

「一番のお気に入りの椅子はどれですか？」

ところで、隣接するオードロップゴー美術館についても説明を加えておきましょう。美術コレクター、ヴィルヘルム・ハンセンの個人邸宅を、１９５３年に改築し美術館としたものです。19世紀から20世紀初頭のフランス絵画（マネ、ドガ、セザンヌ、ルノワールなど）と、18世紀から19世紀のデンマーク

絵画（L・A・リング、ハマースホイ、デンマーク黄金期の作家など）が主なコレクションです。

現在、この建物を本館と呼び、2005年には新館ができました。イラク出身でイギリス在住の女性建築家ザハ・ハディドが設計した、巨大な潜水艦のような建物です。コンクリート剥き出しの流れるような建築形態は、際立って異彩を放っています。彼女は小振りながらも人々の心を惹きつける建築をつくり上げ、増築以来、オードロップゴー美術館は入館者数を増やしています。本館と新館、そしてフィン・ユール自邸、この3つの建築をくらべてみるのも面白いでしょう。

流線形のオードロップゴー美術館（新館）

行き方

コペンハーゲン中央駅から近郊列車 S-tog で Lyngby 駅へ（約 20 分）、388 番バスに乗り換えて Vilvordevej へ（約 10 分）、下車徒歩 2 分。

オードロップゴー美術館 / Ordrupgaard Museum / Ordrupgaard

1918年　ゴットフリード・トゥベデ / Gotfred Tvede
2005年（新館）　ザハ・ハディド / Zaha Hadid

Address: Vilvordevej 110, Charlottenlund
Phone: +45 3964 1183
www.ordrupgaard.dk
Open: 13:00~17:00（火木金）、13:00~19:00（水）、11:00~17:00（土日祝）
Closed: 月曜日

フィン・ユール自邸 / Finn Juhl's House / Finn Juhls Hus

1942年　フィン・ユール / Finn Juhl

Open: 11:00~16:45（土日祝日）、夏季は15:00~16:45（火~金）もオープンしています。

フィン・ユール自邸はオードロップゴー美術館の一部です。共通チケットで内部見学ができます。

デンマークのクリスマス

クリスマスの1か月前から各家庭の出窓はいっせいにクリスマス飾りで華やぎます。ハート型のデコレーションをよくみかけました。デンマークの穴のあいたコインにもハートマークが施されていますが、おそらくハートが好きな国民なのでしょう。また、デンマークでは窓にカーテンをつける習慣はありません。夜になると家の様子が丸みえですが、いっこうにお構いなしです。あと何日でクリスマスがやってくるか、日めくりのようにキャンドルがともされます。

クリスマス料理の代表格は「フレスケスタイ」と呼ばれるローストポークにブラウンソースをかけたもの。皮の表面はパリパリに焼かれていて香ばしく、中はジューシー。サイドディッシュとして、茹でたジャガイモや甘く煮た赤キャベツを添えるのが定番です。

わたしのお気に入りは「グロッグ」というホットワイン。中にオレンジやレモンピール、シナモン、ジンジャー、

ナッツ、レーズンなどが入っており、最後にスプーンでそれらをすくって食べるのが楽しみでした。

デザートは「ライスプディング」という甘いミルク粥にチェリーソースをかけたもの。アーモンドが1粒入っており、それが当たるとプレゼントがもらえます。「ニッセ」という赤い帽子をかぶった妖精の大好物なのです。彼らは普段は納屋のすみで家畜を見守っていて、その家には幸せが訪れるという言い伝えです。実は彼らはサンタクロースの原型といわれています。

クリスマスにしか販売されないビールで一番ポピュラーなのがツボーのユールビール「Tuborg Julebryg」です。パッケージにかわいいイラストが描かれているので、子ども用のドリンクと勘違いしてしまいそうです。しかしアルコール度数が通常のビールより高め（6％前後）に設定されています。乾杯の音頭は「スコール」。飲みすぎに注意です。

北欧は高緯度に位置するため、冬の日照時間が少なく、陰鬱としています。クリスマスに対する思い入れが格段なのは、暗い冬を少しでも明るい気分で乗り越えようとする気持ちの表れなのでしょう。

引き出しの奥

なんの変哲もない戸棚がある。
取っ手もいたってシンプルである。
大きさの違う引き出しがたくさんあるのが唯一の特徴だ。

まわりに誰もいなかったので、
こっそりひとつの引き出しを開けてみた。
「これは一体どういうこと？」
もっと奥まで覗いてみたいと心が躍った。

ひとつの引き出しがきっかけで、

さらにほかの引き出しも開けてみたくなった。
大きさの違う引き出しを、
かたっぱしから開けてみたくなった。

人間としての厚みは、引き出しの数やその中身にあると思う。
じっくり付き合うことでみえてくるその人の引き出し。
いくつか開けてみるといい。
外見ではわからなかったその人の魅力が
引き出しの奥にたくさんつまっているのだから。

饒舌《じょうぜつ》な内部空間
フォーボー美術館ほか

建築は空間を体験してはじめて全貌を理解できます。そのことを改めて実感させられたのが、「フォーボー美術館」でした。訪れる前と後ではがらりと印象が変わったのです。特に外観と内観のイメージの差に驚かされました。

この建築はデンマーク近代建築史を学ぶ上で欠かせないものとして位置づけられています。1915年にデンマーク王立芸術アカデミーの教授であったカール・ペーターセンが設計した新古典主義の代表格です。アルネ・ヤコブセンらモダニズムの建築家たちがこぞって参照した名建築といわれています。そうでもなければ、交通の便の悪いフュン島の南端にある、この小さな美術館を訪れることはなかったでしょう。

まず、メイン通りに面したエントランスに驚きました。思わず通り過ぎてしまうような、な

フォーボー美術館のエントランス

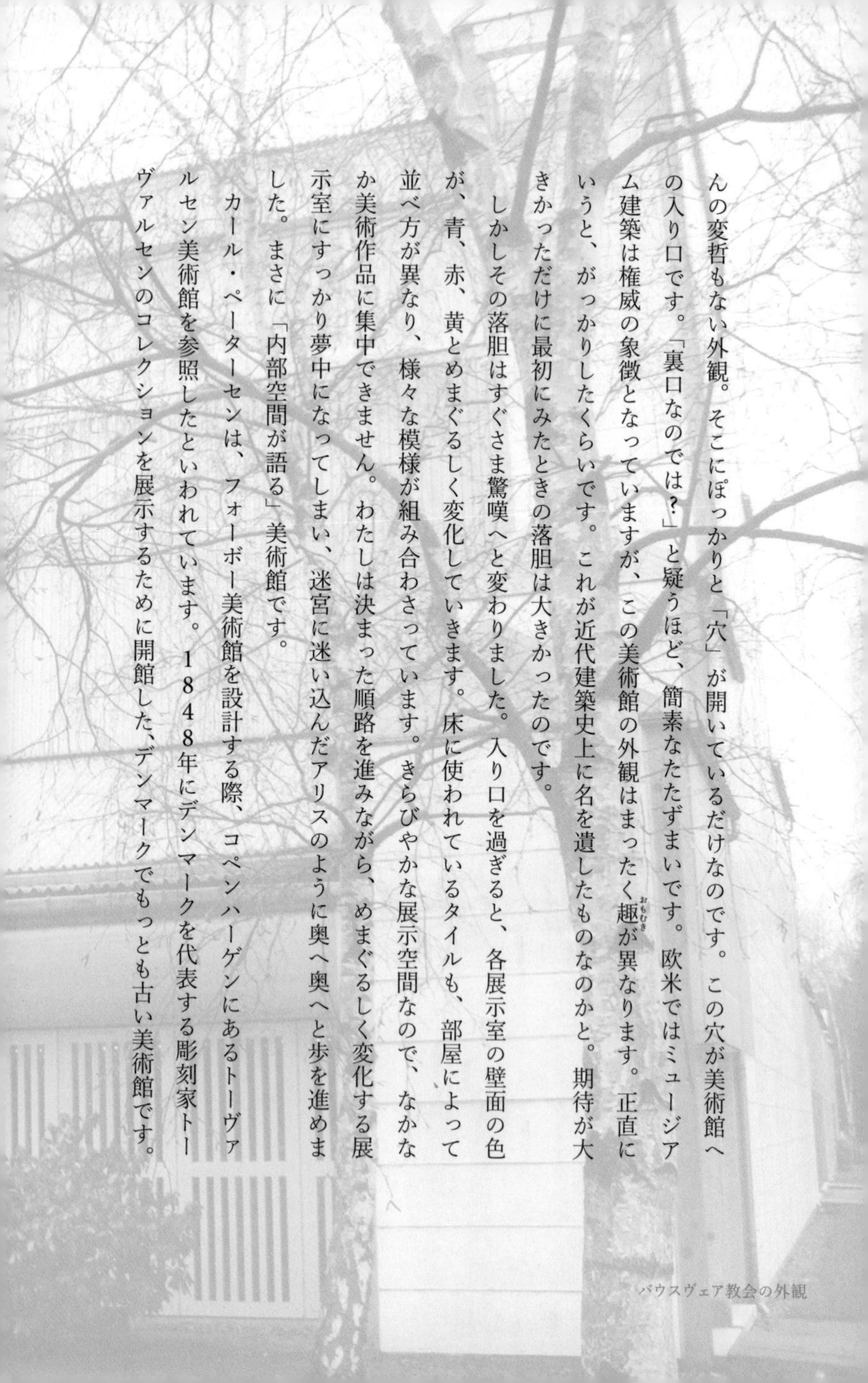

んの変哲もない外観。そこにぽっかりと「穴」が開いているだけなのです。この穴が美術館への入り口です。「裏口なのでは?」と疑うほど、簡素なたたずまいです。欧米ではミュージアム建築は権威の象徴となっていますが、この美術館の外観はまったく趣《おもむき》が異なります。正直にいうと、がっかりしたくらいです。これが近代建築史上に名を遺したものなのかと。期待が大きかっただけに最初にみたときの落胆は大きかったのです。

しかしその落胆はすぐさま驚嘆へと変わりました。入り口を過ぎると、各展示室の壁面の色が、青、赤、黄とめまぐるしく変化していきます。床に使われているタイルも、部屋によって並べ方が異なり、様々な模様が組み合わさっています。きらびやかな展示空間なので、なかなか美術作品に集中できません。わたしは決まった順路を進みながら、めまぐるしく変化する展示室にすっかり夢中になってしまい、迷宮に迷い込んだアリスのように奥へ奥へと歩を進めました。まさに「内部空間が語る」美術館です。

カール・ペーターセンは、フォーボー美術館を設計する際、コペンハーゲンにあるトーヴァルセン美術館を参照したといわれています。1848年にデンマークを代表する彫刻家トーヴァルセンのコレクションを展示するために開館した、デンマークでもっとも古い美術館です。

バウスヴェア教会の外観

壁面の強い色彩が印象的で、床に敷きつめられたタイルのデザインも、フォーボー美術館に酷似しています。コペンハーゲン中心部にあるので是非訪ねてみてください。

「見た目とのギャップ」の虜《とりこ》になった例はほかにもあります。ヨーン・ウッツォン設計の「バウスヴェア教会」です。何度訪れても、外観と内観のギャップに驚かされます。外観はコンクリートパネルで覆われた無機質なデザイン。一見すると教会とは思えず、工場のようにみえます。しかし一歩中に入ると、たしかに教会なのです。デンマークの教会にしては珍しく、白を基調としたインテリアなので、荘厳というよりも清潔感のある清々《すがすが》しい空間になっています。

通路はガラス張りの天井から自然光が差し込み、明るい空間になっています。礼拝堂にいたると、あっと息をのむ劇的な空間が現れます。天井を見上げると、波のように隆起した有機的なデザインになっていて、動きのあるうねりに驚かされます。これはハワイの海岸でみた巨大な入道雲から想起したもので、雲の合間から光が差し込む一瞬のよろこびを再現しています。ウッツォンは普段から流れる雲をみて心を落ち着かせていたようです。

無機質でクールな外観とは対照的に、内部は心が揺さぶられるような空間になっています。

フォーボー美術館の最初の展示室では古典主義様式のイオニア式の柱が構えています。

上．メインの展示室にはコーア・クリントがデザインしたフォーボーチェアが決められた場所に置かれています。
下．小展示室の床のタイルのデザインはそれぞれ異なります。

インテリアデザインは、娘のリン・ウッツォンとの初コラボレーションです。彼女がデザインしたカーペットやタペストリーは、純白の空間に彩りを与えています。

近隣の住民は建ったばかりの頃、教会らしくない外観に親しみがわかなかったそうです。しかし年月が経つにつれ徐々に受け入れられ、今ではコンサートや子どもの読書会など催しものも多く、頻繁に利用されています。おそらく内部空間の居心地のよさが、このような活動につながっているのでしょう。内部空間は幸福感に満ちていて、住民に愛されている建物だということが伝わってきました。

ちなみにウッツォンはシドニーのオペラハウスを設計したことで世界的にその名が知られています。

建築も人間も、決して外見だけで判断してはいけません。その内なるものを知らなければ、それ自体を知ったとはいえないでしょう。最初は無表情でとっつきにくいと思っても、内面の豊かさや魅力を知ると第一印象もがらりと変わるものです。そういう建築や人間は、いつの間にかみんなに愛されています。

上．バウスヴェア教会の外観
中．うねるデザインの天井の隙間から自然光が差し込みます。
下．カーペットやタペストリーはリン・ウッツォンのデザイン。

フォーボー美術館
Faaborg Museum

1915年
カール・ペーターセン/Carl Petersen

Address: Grønnegade 75, Faaborg
Phone: +45 6261 0645
www.faaborgmuseum.dk
Open: 11:00~15:00（11~3月の火~日）
10:00~16:00（4~10月の火~日）
Closed: 月曜日

行き方

コペンハーゲン中央駅から特急列車ICLでOdense駅へ（約1時間15分）、141番バスに乗り換えてRutebilstationen / Faaborg Ankomst（Faaborg Midtfyn）へ（約1時間）、下車徒歩2分。

バウスヴェア教会
Bagsværd Chruch
Bagsværd Kirke

1976年
ヨーン・ウッツォン/Jørn Utzon

Address: Taxvej 14-16, Bagsværd
Phone: +45 4498 4141
www.bagsvaerdkirke.dk
Open: 9:00~16:00（月~金）
11:30~16:00（日）、
11:30~16:00（4/1~9/30の土曜日）
Closed: 10/1~3/31の土曜日、12/24、12/25
12/31、1/1、聖金曜日

行き方

コペンハーゲン中央駅から電車S-togでBagsværd駅へ（約25分）、下車徒歩10分。

ウッツォン建築をもっと楽しみたい方へ

キンゴー・テラスハウス
Kingo Houses

1961年
www.romerhusene.dk
内部非公開

ランドスケープとマッチした住棟配置が素晴らしく、家並みをみながらの散歩をおすすめします。日本や中国の建築の影響を受けたといわれています。

パウスチャン
PAUSTIAN

1987年

Address: Kalkbrænderiløbskaj 2, Copenhagen
Phone: +45 3916 6565
www.paustian.dk
Open: 10:00~18:00（月~金）、10:00~15:00（土、第1日曜日）

コペンハーゲンのノーハウンNordhavnにあるおしゃれなデザインショップ。ウッツォンの次男キム・ウッツォンとの共同設計です。

ウッツォン・センター
Utzon Center

2008年

Address: Slotspladsen 4, Aalborg
Phone: +45 7690 5000
www.utzoncenter.dk
Open: 10:00~17:00（火~日）
Closed: 月曜日

ヨーン・ウッツォン最後の作品。オールボーAalborgはヨーン・ウッツォンが幼少の頃暮らした町です。

懐かしいあなた

パーティ会場で、
知らない人の輪に入っていけないわたしは、
誰か知っている人はいないか、
あたりをきょろきょろ見渡しながら、
人だかりの中を歩きまわっていた。

中央のテーブルにはビュッフェ形式の皿が並んでいて、
人の垣根ができている。
「あそこにいけば、誰かに会えるかも」
そう思ってテーブルへ向かっていった。

トントントン。
肩をたたかれ、後ろを振り返ると、
知っている顔が……

パーティ会場へひとりで乗り込んだのは不安だったけど、
懐かしいあなたに再会できて、ほっと胸をなでおろす。

「久しぶり。最近どうしてるの？」
以前とちっとも変わらない彼の姿に、
わたしの心臓音は激しく鳴りはじめた。
そして手をつないで歩いた海辺の風景がよみがえった。

懐かしさを感じる海辺の町

ドラウアの町並み

コペンハーゲンから約12キロ南下したアマー半島にドラウアという小さな港町があります。港には白い帆を掲げたヨットやモーターボートがたくさん停泊しており、港に面したカフェは人でごったがえしていました。ここはかつてニシン漁で栄えた漁村で、17世紀にオランダからの移民が定住するようになり、人々は農業や漁業で生計を立てて暮らしていました。近隣にあるアマー博物館は、オランダの移民が暮らしていた農家の建物をそのまま再利用し、当時の暮らしを再現しています。ドラウアの港にあるもっとも古い建物はドラウア博物館です。こちらは昔の船長の家の様子を再現しています。

わたしは写真を撮りながらカモメが飛び交う海岸沿いを歩きました。犬の散歩をしている人、釣りをしている人、泳いでいる人、サーフィンをしている人など、それぞれがのんびりと休暇

上．ヨットの向こうにみえるのはオーレスン橋。コペンハーゲンとスウェーデンのマルメを結んでいる。
下．ドラウアのショッピングエリア

を過ごしています。わたしも靴を脱いで、遠浅の砂浜をはだしで歩きました。足を海水に浸すと、想像以上にひんやりと冷たかったのを覚えています。灼熱の太陽の下、1時間半かけて自転車をこいできたので、ほてった体には涼しい風と冷たい海水が必要でした。

町にもどり、かわいい小物がショーウィンドウに並ぶ雑貨屋にふらりと立ち寄りました。しばらくすると、店番をしていたおばさんが話しかけてきました。日本人がドラウアの町に来ることは滅多にないのでしょう。「どうやってここまで来たの？」不思議そうに尋ねるので、「アマーに住んでいるので、自分の自転車で来ました」と答えると、旅行者でないことに納得したようでした。

店が建ち並ぶ商業エリアはほんの数メートルしかなく、その奥には黄色の家並みが続いています。好奇心のまま、少し奥まったところまで足を延ばしてみました。あたりはひっそりとしていて、「誰かいませんか？」と大声で叫びたくなるほど、ひと気が感じられませんでした。舞台セットのようにもみえ、ときがとまったかのようにしんとして、静寂がひろがっていました。さらに奥へ進むと、もっと規模の小さい家が所狭しとミニチュアのように建ち並んでいました。どうやらかなり古い町並みのようです。茅葺《かやぶき》屋根の家もあります。一度入ると二度ともどれないような、入り組んだ細い路地が迷路のように張り巡らされています。はたと、一抹《いちまつ》の不安を覚えました。迷子になってもどれなくなったらどうしようかと。

ところが歩きまわるにつれ、「誰もいないけれど、まあいいか」と楽観的な気持ちに変わりはじめました。おとぎ話の世界では、なにか楽しいことがおこるはずです。期待に胸がふくらみはじめました。

でこぼこした石畳の脇にある高い塀の上で猫が昼寝をしていました。猫に話しかけると、「にゃー」と返事をしてさっと塀から飛び降り、敷地のどこかへ消えてしまいました。家人は果たしてそこにいるのでしょうか。猫の後を追い

ドラウアの住宅エリア

かけたら、みてはいけないものをみてしまいそうな気がしました。どの家も生活感はまったく感じられず、時代が遡《さかのぼ》って昔へタイムスリップしてしまったかのようです。

そのエリアでは、とうとう誰にも出会いませんでした。ショップやカフェで人がひしめく海岸通りにもどると、なんだか異次元の世界から現実の世界へもどってきたようで、気が緩みました。観光客なのか、地元の人なのかその区別はつきませんが、人がたくさんいて、ゆったりとしたときを過ごしています。きっと黄色の家に住む人々もここに来ているのだろうと思いました。

後で調べたら、あの一帯は中世の町並みを保存している区域でした。わずか300メートル四方の小さなエリアです。そこでは不思議な感覚を覚えましたが、ドラウアの町全体にはどこか懐かしさを感じました。それは私の故郷、新潟の海辺の町に似ていたからかもしれません。夏の風景はこんな感じです。水を張ったたらいの中に冷えたすいかが入っていて、簾《すだれ》のかかった軒先から風鈴が「ちりん、ちりん」と鳴り響きます。前掛けをしたおばあさんが縁側に座ってうちわをあおいでいます。そんな心象風景がドラウアに重なってみえたのです。

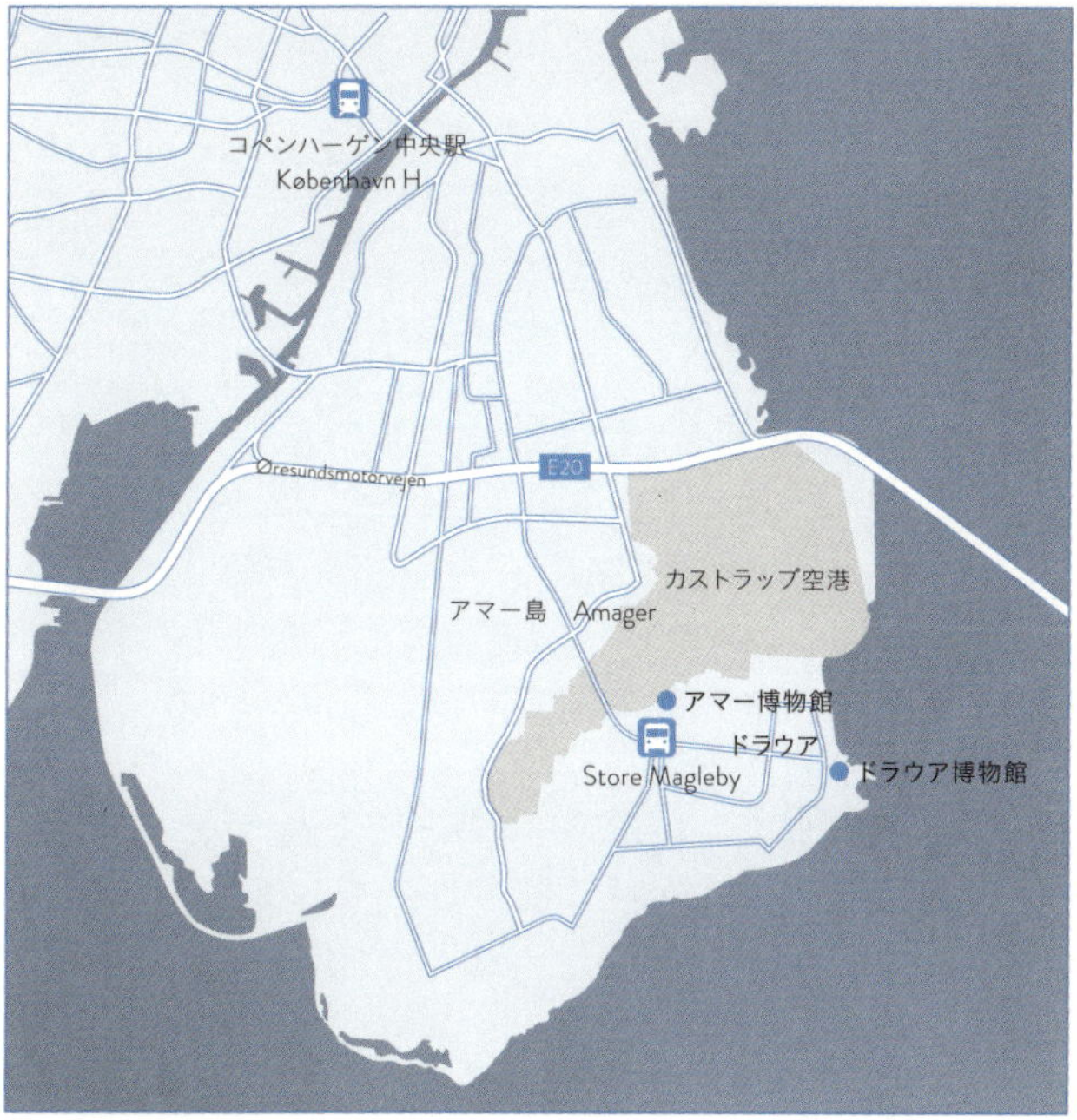

行き方

コペンハーゲン中央駅から国鉄 Re で Tårnby 駅へ（約 10 分）、350S 番バスに乗り換えて Store Magleby へ（約 10 分）。

ドラウア
Dragør

www.dragoer.dk

港町ドラウアには海にまつわる小さな博物館がいくつかあります。少し足をのばしてアマー博物館にいくのもおすすめです。

www.museumamager.dk

クリスチャニア　ラブ＆ピースの生活

「危ないのでひとりでいってはいけない」といわれたのがクリスチャニア。実はコペンハーゲンの知られざる観光名所となっています。今は禁止されていますが、かつてはソフトドラッグが公認されており、大麻が自由に売買されていました。現在でも広場には関連グッズを販売するショップが建ち並んでいます。黄色の3つの丸印がトレードマークで、「自由の街、クリスチャニアを守れ」という意味が込められているそうです。

都市の中心部とは思えない緑豊かな湖畔のほとりに位置し、1960年代後半に自由を求めるアーティストやヒッピーたちが軍の施設だった空地を占拠して暮らしはじめました。彼らは政府から自治権を勝ちとり、独自のルールに則って暮らしています。

内部には保育所、レストラン、ショップ、ライブハウス、ギャラリーなどがあります。区内を歩いていると、ロバにまたがる子ども、昼間からビールを飲む赤ら顔の男たち、鎖につなが

れていない犬など、ありのままの暮らしを垣間みることができます。彼らは自分で建てた家に住み、エコロジーな暮らしをしています。壁面には色鮮やかなアートが描かれ、庭には様々な種類の花が植えられ、樹にはハンモックが吊り下がっています。どの家も自由で楽しそうです。街全体には現実離れしたのどかな時間が流れていました。

自治体の大きな収入源となっているのが、三輪自転車「クリスチャニア・バイク」です。この本の裏側のカバーイラストにもありますが、荷台に子どもや花を乗せて走る姿をコペンハーゲン市内でよくみかけます。現在は海外にも輸出され、類似品も出まわるほどの人気商品となっています。

このようにクリスチャニアでは独自のスタイルで、ハッピーな生活が営まれています。その自由な雰囲気を味わおうと、世界中から観光客が訪れ、英語やドイツ語のガイドツアーもあります。しかしデンマーク政府との立ち退き交渉が続いており、いつまでこのクリスチャニアが存在するか定かではありません。

とはいえ、区内では油断は禁物です。酔っ払いがけんかをはじめることもしばしば。発砲事件など物騒な事件もおきています。興味本位で近づくと、危険な目に遭いかねません。そこでの出来事はすべて自己責任と覚悟して訪れるべきでしょう。

第二章——スウェーデン

雨の日の失恋話

ある雨の夜の出来事。
嫌な予感は当たるものである。
別れ話は彼の方から切り出された。
しかもその日は彼の誕生日。

わたしはプレゼントを抱えたまま、
雨が降る中、傘を投げ捨て歩いた。
心の動揺が落ち着くまで、とことん歩いた。
そのうち濡れながら歩いているぶざまな自分になんだか笑えてきた。
小川までたどり着くと、包装紙にくるまれたままのプレゼントを投げ捨てた。

これは彼への未練を捨てる儀式だった。

身軽になって家へもどり、
シャワーを浴びながらもう一度だけ泣いた。
雨とシャワーは、涙とともに悔しさも流してくれた。

翌朝、外に出ると、雨あがりの湿った空気に混ざって、
きんもくせいの甘い香りが漂っていた。
むせるような強烈な香りは、寝不足のわたしを不快な気分にさせた。
昨夜と同じ道なのに、姿のみえない香りはその存在を主張していた。
それがかえって、別離と出発の決意を固めるきっかけとなった。
それ以来、きんもくせいが咲く時期になると、
この日の決意を思い出す。

死者は森に還《かえ》り、悲しみは大地に吸収される

森の墓地

スウェーデンでは「死者は森に還る」といわれています。偉大なる建築家グンナー・アスプルンドが設計した「森の墓地」の名前の由来はここから来ています。

なだらかな丘に沿った石畳があり、丘の上には大きな十字架がみえます。壮大なランドスケープがひろがっており、わたしはゆっくりとした歩調で、死と向き合う世界に一歩一歩進んでいきました。丘の頂に近づくにつれ、目指していた「聖なる十字架」が大きくなり、左手に列柱の立ち並ぶ「森の火葬場」がみえてきました。その右手には池があって、水面が鏡となって、まわりの景色をとり込んでいます。

「森の火葬場」の建物内には大小の礼拝堂、火葬場、待合室などがあります。ここでは死者を弔《とむら》う儀式がおこなわれますが、茶毘《だび》に付されるまでの数時間、どこかで待たなければいけません。大切な人の死を受け入れ、自分の気持ちの整理をするため、人は建物の内外で時間を費

瞑想の丘から眺める森の火葬場

右．なだらかな傾斜の石畳を十字架に向かって歩きます。
下．森の火葬場内にある希望の礼拝堂

やします。ある人は待合室の椅子に腰掛け、じっと時間の経過と向き合うことでしょう。またある人は十字架のある「瞑想の丘」の大地にたたずみ、その周辺を歩きまわることでしょう。

大地には人間の悲しみを吸収してくれるような懐《ふところ》の深さを感じます。今まで幾千人もの悲しみを受け入れてきたからでしょうか。愛する人を亡くした悲しみは、歩き続けることによって整理されていくのだと思います。

丘の向こうに目を向けると、広い森が続いています。わたしは森の中へ入り、さらにその奥へと進んでいきました。森では死者の霊や森の妖精が浮遊しているように感じられました。それは決して怖いものではなく、こちらを驚かせようとしているものでもなく、あちらの世界からこちらの世界をただじっと見守っているかのようでした。

森の奥にはふたつの礼拝堂があります。ひとつはアスプルンド設計の「森の礼拝堂」、もうひとつは共同設計者であったシーグルド・レヴェレンツ設計の「復活の礼拝堂」です。

森の礼拝堂は三角屋根が特徴の小さな建物で、森の中の一軒家のように、木々に埋もれて建っています。あの世へ逝ってしまった悲しみに浸る場というよりも「もどるべきところにもどっ

上 . 三角屋根が特徴の森の礼拝堂
下左 . 巨大な列柱が連なる復活の礼拝堂
下右 . 復活の礼拝堂内部

ていった」ことを祝す場のように思えます。
　それに対し、レヴェレンツの復活の礼拝堂は古典主義的な巨大な柱が連なり、威風堂々としています。まるで古代の神殿のようです。
　年月が経過するにつれ設計方針が異なってきたふたりは、１９３４年に決別します。この年はアスプルンドにとって再出発の年となりました。最初の妻とも離別し、その後すぐに再婚。ようやく家族愛に満ちた幸せを手に入れました。そして１９４０年に亡くなるまでこの森の墓地プロジェクトに全力を注いだのです。
　墓地というのは、死者と再会する場です。墓石はつまり死者の家といえるでしょう。墓石そ

瞑想の丘の風景

のものにもいろいろなデザインがあり、そのまわりには花が植えられ、まるで庭のようです。毎日、墓地に通う遺族も多いそうです。肉体は荼毘に付されますが、精神はいつまでも遺族の中で生き続けています。ここに来ればいつでも彼らの魂に出会えるわけです。死者の家である墓石に向かって話しかければ、いつでも彼らは返してくれます。ここは遠くに逝ってしまった者と魂の交信をする場なのです。

「おーい」と呼びかけると、「おーい」と返ってくるのが「こだま」。こだまは漢字で「木霊」もしくは「木魂」と書きます。こだまとは、木の霊であり、魂が返答する言葉なのです。だから木々が生い茂った森に向かって語りかけると、死者の霊魂が「こだま」となって返ってくるように感じるのです。それは「音」として認識するものではなく、ある人にしか伝わらない「空気」のようなものだと思います。

帰りも行きと同様、丘の上の十字架を通り過ぎ、緩やかな坂を下っていきます。しかし、行きとは違った心持ちでこの坂を下るのです。凛《りん》とした孤高の姿で立つ十字架は、「残された者はしっかり生きていく義務があるのだ」ということを諭しているかのように思えます。「覚悟を示すしるし」として、十字架は丘の上に動じずにいるのです。帰り道の十字架を通り過ぎることで、死者との約束を反芻《はんすう》し、生きていく決意を固めるのでしょう。

森の中にある墓石

行き方

ストックホルム中央駅から地下鉄グリーン線でSkogskyrkogården駅へ（約10分）、下車徒歩3分。

森の墓地
Woodland Cemetery
Skogskyrkogården

1940年
グンナー・アスプルンド/Gunnar Asplund

Address: Sockenvägen 492, Stockholm
Phone: +46 8 508 31 730 （ビジターセンター）
www.skogskyrkogarden.se
Open: 墓地は年中無休。
ビジターセンターは夏季のみオープンしています。11:00~16:00 (5~9月の土日、５月の最終日曜日から８月の最終日曜日まで毎日）
英語のガイドツアー: 10:30~ (7~9月の日曜日）

事前にストックホルム市博物館で前売り券を購入した方がいいでしょう。空きがあれば当日券を購入することができます。

図書館での愉しみ

図書館のスタディルームで、
勉強したり、レポートを書いたりして、時間を過ごした。
定期的に通いつめていると、
決まった席に、決まった人が座っていることに気づく。
話したことはないけれど、たまに目が合う気になる存在。
どんな人だろう。
どんな勉強をしているのだろう。
席を立った隙に、机の上の参考書やノートを覗いてみる。

集中力が途切れると、
外の空気を吸いに出たり、
最新の雑誌を眺めたりして、
皆、息抜きの時間をとっている。
わたしも彼の後を追うように、
外の空気を吸いに出た。

あるときから、本を探すかのように、
彼の姿を必死に探している自分に気づいた。

今度こそ彼の隣りに座ろう。
それがわたしの秘かな愉しみとなった。

本探しのプロセス

ストックホルム市立図書館

図書館を訪ねる目的は様々です。しかし基本的には本を探しにいくのだと思います。書架にきちんと分類・整理され、行儀よく並んでいる何万冊という本。背表紙に書かれたタイトルを目で追い、目的の本を探します。特にコレと決めていなくても、気になったら手にとってみる。ぱらぱらと頁《ページ》をめくり、読んでみたいと思えば小脇に抱えるし、そうでなければもとの位置にもどします。わたしはこの動作を何度も繰り返す「本探しのプロセス」は嫌いではありません。

ようやく探し当てた本は、家にもち帰って読むか、静まりかえった図書館で読むかのどちらかになります。そしてじっくりと時間をかけて本の内なる世界へ入っていくのです。このプロセスは、好きな人をみつけて、その人の内面を知っていく時間の経過と、どこか似ていると思いませんか。そう考えると、図書館は好きな本と出会い、デートをする場だといってよいでしょう。

オレンジ色の外観が目を惹くストックホルム市立図書館

オレンジ色の外観が目を惹くストックホルム市立図書館。直方体に円柱が乗ったユニークなデザインで、北欧新古典主義の最高傑作といわれています。グンナー・アスプルンドの設計です。緩やかな傾斜の階段を上り建物に入ると、黒い壁には古代エジプト文様のレリーフが施されています。おそらく人類の文明の起源を物語っているのでしょう。

薄暗いエントランスを抜け、さらに歩を進め階段を上ると、吹き抜けの大空間がひろがっています。360度本に囲まれており、上部からやわらかい自然光が差し込んでいます。そのためでしょうか、目線は自然に上へと向かいます。天井から吊り下げられたペンダントライトが発するオレンジ色の人工的な光も加わり、乳白色の壁に凹凸のあるテクスチャーが浮かび上がっています。もし手を伸ばして届く距離なら、触れてみたいと思いました。

円柱の吹き抜け空間に身を置き、360度ぐるりと身体を動かしました。3層の書架には分類された書物が行儀よく並んでいます。本が壁に沿って建物の中央に向いているので、このスペースは「知識の壁」といわれているそうです。その様子は圧巻です。わたしは迷わず「知識の壁」へ向かい、壁に沿うように走る回廊を歩きました。空間全体を感じるようにゆっくり

上．円柱内部。中央に貸出カウンターがあります。
下左．知識の壁に沿った回廊
下右．エントランスホールの照明

と時間をかけて。3層目へ上ると、目線の高さが変わっただけで空間の奥行きを感じます。下にいる貸出カウンター付近の人の動きや、書架にある本のタイトルを眺めたりしながら、何周も回廊をまわりました。

ここでの「本探しのプロセス」はとてもユニークだと思います。オープンになっているので、その動きが丸見えなのです。何度もいったり来たり、ぐるぐるまわる様子は、下からみたら滑稽《こっけい》だろうと思いました。

もちろん、じっくりと本を読むスタディルームや、子どものための図書室もあります。それらは円柱の外側の直方体の空間にあります。つまり本を探すオープンなスペースと、本をじっくり読むスペースが区分けされているのです。動きのある「動的空間」と動きのない「静的空間」です。じっくり本と向き合うには、場所を変える必要があるわけです。

しかし注目すべきはやはり円柱空間でしょう。神の啓示を受けるかのような、やわらかな光が充満し、「知識の壁」の存在は格調高く、厳かにみえます。ストックホルム市の叡智の集積を尊重しているかのようです。アスプルンドの書物に対する敬意の念が伝わってきました。

行き方

ストックホルム中央駅から徒歩約20分。もしくは地下鉄グリーン線でOdenplan駅またはRådmansgatan駅へ、下車徒歩3分。

ストックホルム市立図書館
Stockholm Pubic Library
Stockholms Stadsbibliotek

1928年
グンナー・アスプルンド/Gunnar Asplund

Address: Sveavägen 73, Stockholm
Phone: +46 08 508 30 900
biblioteket.stockholm.se/en/bibliotek/stadsbiblioteket
Open: 9:00~21:00（月～木）、9:00~19:00（金）、12:00~16:00（土日）

船でのひとり旅

シリヤライン

大きな旅客船シリヤラインは、フィンランドのヘルシンキを17時に出港し、スウェーデンのストックホルムに翌朝9時半に到着します。帰りの便もストックホルムを17時に出港する夜の便になります。それぞれ1日1便しかありません。

　わたしが往復の船旅を経験したのは冬でした。甲板に出てもなにもみえません。ただ真っ黒な海原に白い波がみえるだけで、波の音が低くうなっていました。雪混じりの冷たい風が頬を突き刺すので、甲板にはほんの数分しか立っていられません。これが日の沈まない白夜《びゃくや》の夏ならば、周囲の群島をみながら爽やかな海風を受け、さぞかし気持ちのよいことでしょう。

「酔っ払いには気をつけなさい」とフィンランドの友人から忠告を受けていましたが、まさにその通りでした。女のひとり旅は珍しいのか、歩いているとあちこちから声をかけられます。

　長い船旅で時間をもてあますこと

のないよう、船の中にはレストラン、免税店、カラオケ、ディスコなど、娯楽施設が用意されています。わたしはひと通り船の中をみてまわると、予約していた4人部屋のキャビンへもどりました。2段ベッドがふたつ並んでいるだけの狭いキャビンには誰ももどっていませんでした。船が揺れるので本を読むことすらできません。寝るしかないと腹をくくり、目を閉じて船の揺れに身をまかせていたら、いつの間にか眠っていたようです。翌朝、目を覚ますと、スウェーデンの岸がみえていました。

帰りの便では友達をつくることを試みました。ひとりで食事をしている日本人らしき人をみつけ、英語で話しかけました。「どこから来たのですか?」「Japan」と答えた彼に「わたしもです」と日本語で返しました。建築事務所に勤務していた彼とは共通の話題が多く、話に花が咲きました。スウェーデンでの数日間、日本語で話す相手がいなかったこともあるのでしょう。あっという間に船旅は終わり、連絡先を交換して別れました。

港に着いたらフィンランド人の友人が、ひとり旅を終えたわたしを迎えにきていました。

ひとり旅の醍醐味は、新しい友だちをみつけることです。思いきって話しかけると楽しさが倍増すると思いますよ。

タリンクシリヤライン
www.tallinksilja.jp/index.html

待つことは祈ること

待つこと。
それは時間の経過と向き合うこと。
たとえば恋人との待ち合わせ。
約束の時間よりも少し早めに来て、相手を待つ。
わたしはその待ち時間に小さなよろこびを感じる。
デートの相手は必ずやってくるのだから。

しかしやってくるものが未知な場合、
それを待つあいだ、心の苦しさをともなうことがある。
たとえばなにかの結果を待つとき。○か×か。

ポジティブとネガティブな想いが入り交じり、様々な憶測が頭の中を駆け巡る。
期待と不安の渦に身をまかせながら、振り子のように揺れ動く心を鎮めようと、
祈るようにそのときを待つ。

「待つことはどこか祈りに似ている」

誰かのフレーズが私の脳裏をよぎった。

そうなのだ。

待つ時間は祈りの時間、待つ空間は祈りの空間なのだ。

だからこそ、心静かにそのときを待ちたい。

どうせなら春の到来を待つようなあたたかみのある場所で、
ハッピーな未来予想図を思い描きながら……

待つための空間

ヨーテボリ裁判所増築

裁判の様子はテレビや映画の世界でしかみたことがありません。しかし日本でも2009年より裁判員制度が導入され、一般の人も裁判にかかわる機会が増えました。とはいえ制度自体の是非が問われており、裁判員制度が根づくには相当な年月を要すると思われます。だから日本では必然性がなければ、裁判所へ出向くことはほぼないといっていいでしょう。法廷では裁判官、裁判員、検事、被告人、原告人、弁護人、証人、傍聴人などが集まり、国家の厳格な法律の下、粛々《しゅくしゅく》と裁判を進めるイメージがあります。そのため裁判所建築は、威厳のあるものがふさわしく、隙のない息苦しいものであるに違いないという先入観をもっていました。

ところがアスプルンドが設計した裁判所を訪れたとき、わたしの偏見はがらりと覆されました。スウェーデン第2の都市ヨーテボリにある裁判所です。もしわたしがヨーテボリに住んで

上．ヨーテボリ市庁舎と裁判所外観。右側が増築した建物。
下．裁判所の内部

いたら、用事がなくてもこの裁判所をたびたび訪れ、誰かとの待ち合わせ場所にするでしょう。それくらい待つことが心地よいと感じる空間だったのです。

入り口を抜け、内部に入ると、あたたかい光が差し込み、木のテクスチャーで覆われた大きな吹き抜け空間が現れます。四方をぐるりと見渡せる、視界の開けた気持ちのよい空間です。人はそこで判決が下るのを待ちます。

よく「時間が解決してくれる」といいますが、「ときを待つ」というのは「時間と対峙する」ことなのでしょう。アスプルンドがつくり上げた空間は「隙のない空間」ではなく、なにものをも受け入れる「寛容な空間」でした。「罪を裁く場」ではなく、「待つための空間」をつくったのです。「待つための空間」とは「祈りの空間」ともいえるでしょう。やわらかな光に包まれ、そこにいることが心地よいと感じる、あたたかさや朗らかさを兼ね備えていました。

通常、待つことに快適さを感じる人は少ないと思います。むしろ苦痛をともなうことが多いのではないでしょうか。病院の待合室がその顕著な例です。しかしこの裁判所では判決を待つあいだ、そこでときを過ごすことによって、原告側の怒りや憤りが軽減されるような穏やかな空気感がありました。邪悪な心をもった人でも、そこにいるとすべてが浄化されるような雰囲気です。きっと「天国への待合室」にも同じような空気が漂っているのではないでしょうか。そこには明るい未来への希望が満ち溢れていたように思います。

いったいなにがそういう気持ちにさせるのでしょうか？

アスプルンドはこの建物が完成するまで、約30年に渡り、設計変更を繰り返しました。1913年のコンペ優勝以降、広場の整備計画の変更、行政側の要求の変更、自身の設計意図の変化などにより、幾度となくデザインの変更をしました。

たとえば、外観のデザインに関しては、最終的に既存の歴史的建造物に敬意を払い、保守的なデザインとしました。表層デザインを統一感のあるものにしようと考え、色彩などの各要素で既存建物との連続性を保っています。しかし建物内部には近代建築の技術を巧みにとり入れています。既存の建物とのあいだに中庭を設けることによって、光溢れる空間をつくり出しました。2層吹き抜けの大空間には、大きなガラス張りの開口部が設けられ、中庭と連続しているかのようです。トップライトからの自然光も、やわらかな光となって空間全体を包み込んでいます。

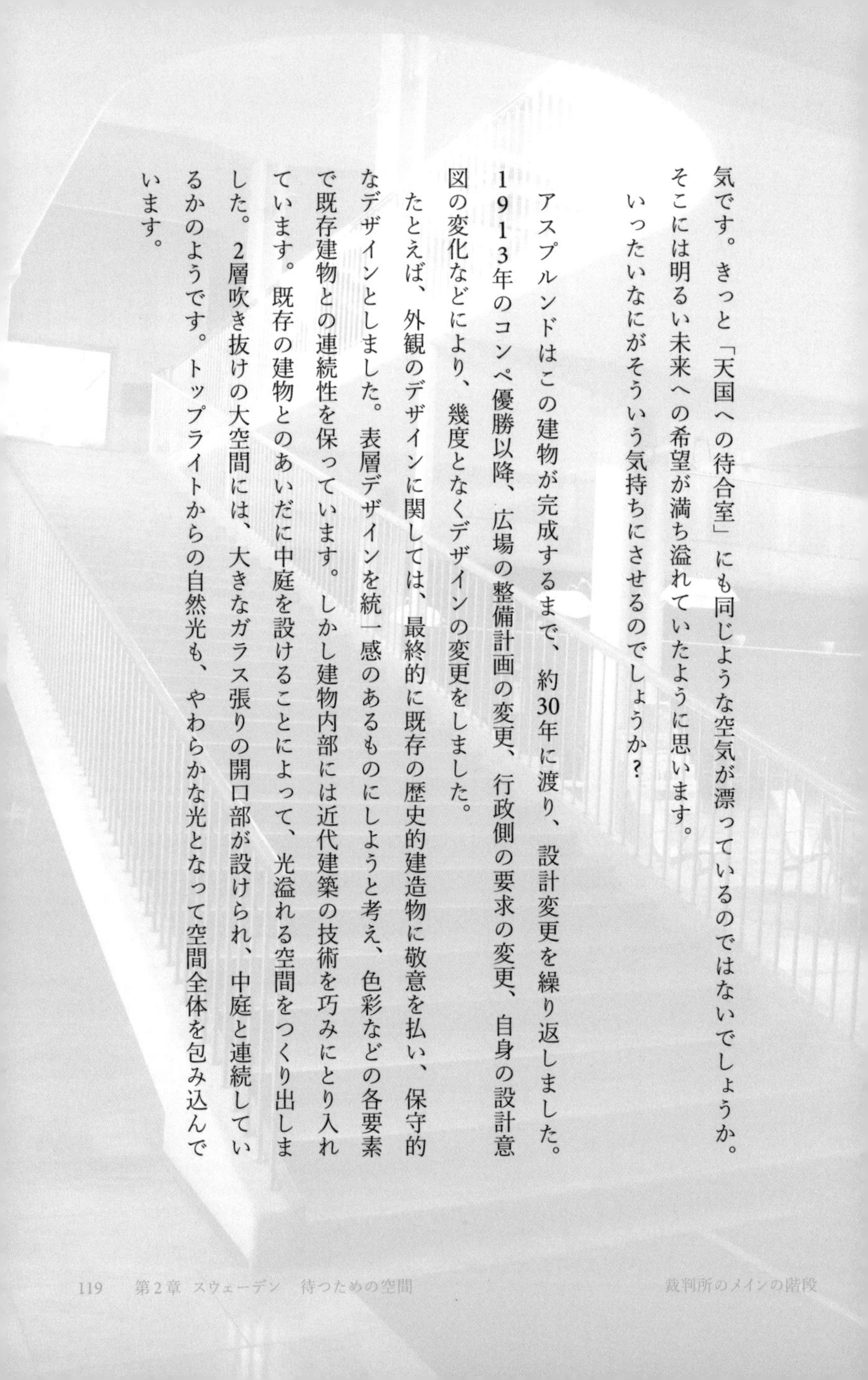

裁判所のメインの階段

特徴的なのはガラス張りのエレベーターです。上下に動くかごをみていると、「ここではすべての真実が包み隠さず露《あら》わにされる、神様は心の奥までお見通しなのだ」と深読みせずにはいられません。また、四方の壁面は木のテクスチャーで覆われ、階段や2階通路の手すりもすべて温もりのある木でできています。なめらかな手触りは、人の気持ちをとげとげしさから解放し、穏やかな気持ちにさせるのでしょう。また、照明器具は雲のようなかたちをした曲線美のデザインで、点灯していなくともほっとした気持ちにさせてくれます。2階通路に設けられた半円のテーブル、待合の椅子など、すべて有機的な曲線で、角ばったデザインは一切みられません。

ところで、ときを待つには、ときを告げる時計のデザインが重要となります。アスプルンドは太陽のような縁どりを施した時計を彫塑的な階段の脇に掲げました。そのマッチングはとてもインパクトがあります。この時計は待合の大空間のどこからでもみえる位置にあります。また、この階段が機能性よりもデザイン性を重んじていることは、メインに使われているもうひとつの階段とくらべれば一目瞭然です。メインの階段は、中庭に面したガラス張りの開口部に近い場所にあって、光が燦々《さんさん》と降り注いでいます。裁判所で判決を待つ人の心理状況に配慮し、

彫塑的なデザインの階段と大きな時計

階段の勾配も緩やかにしてあります。これは彼が森の墓地（94ページ）でも採用した緩やかな上り坂のデザインと同じ手法です。一歩一歩踏みしめながら上ることは、待ち受けているなにかに対して心の準備を整えるために必要な行為なのです。それは決して急ではなく、緩やかで、長い方がよいのです。

このようにアスプルンドは待つ人に配慮したデザインを心がけ、「待つ空間」を心地よいものに仕上げています。あなたもなにかを待つとき、祈りを捧げるようにときを過ごすのではないでしょうか。ときを刻む時計を眺めながら……。

中庭に面した窓から自然光が差し込みます。ガラス張りのエレベーターが上下階を移動します。

行き方

ストックホルム中央駅から高速鉄道SJ X2000（座席指定）でGöteborg Central駅へ（約3時間）、下車徒歩7分。

ヨーテボリ裁判所増築
Gothenburg Law Courts Extension
Göteborgs Tingsrätt

1937年
グンナー・アスプルンド/Gunnar Asplund

Address: Gustav Adolfs Torg 1-2, Göteborg

運命の一瞬

思いがけない一瞬の出来事。
なんの予兆もなく、
突然おこるハプニング。
それは「恋に落ちる瞬間」になり得る。
その瞬間、
わたしは恍惚の境地にいるだろう。

運命の女神が現れるのも一瞬のこと。
それはいつ訪れるのか誰にも予測不可能だ。

彼女ははだしで球体の上にいて、不安定である。

いつでも飛び立てるように背中に羽をもっている。
小脇に底の抜けた壺を抱え、
幸運を満たさないようにしている。

後ろ髪はなく前髪だけなので、
幸運をつかむチャンスは、出会った一瞬しかない。

だからこそ、一瞬、一瞬を大切に。
運命の出会いは、
すぐそこまで来ているかもしれない。

教会建築での出来事
聖ペトリ教会ほか

空間に一歩足を踏み入れた途端、息がとまるような衝撃を受けたことを覚えています。暗闇にきらめく光の粒子は、まるで夜空に輝く星のよう。思いがけず劇的な空間に出くわし、わたしは一瞬のうちに魅了されてしまいました。頭の中が真っ白になり、呼吸をするのを忘れてしまうほどでした。一瞬で恋に落ちてしまったかのようです。今まで訪れたどの教会とも違う、闇の深さと光の神々しさを感じました。スウェーデンの建築家シーグルド・レヴェレンツが設計した「聖ペトリ教会」での出来事です。南スウェーデンの小さな町クリッパンにあります。

外観は粗いレンガで覆われた建物でした。暗褐色のレンガの仕上げが場所によって異なっていて、まるで素人がその場で決めて積み上げていったかのようです。重厚で閉鎖的な印象を受けたので、扉を開けるのを躊躇《ちゅうちょ》した記憶があります。しかし思いきって扉を開け、暗闇の中を

庭から眺める聖ペトリ教会の外観

進み、礼拝堂にいたると、光が戯《たわむ》れる幽玄な世界が現れました。わたしは数分間、我を忘れて、呆然とその場に立ち尽くしてしまいました。その場の雰囲気に飲み込まれてしまったのです。

やっと我に返り、ここは異国の教会であることを思い出し、コツコツと自分の靴音を響かせながら、祭壇の近くまで歩きました。ぱっとみたとき、遠い宇宙の彼方《かなた》で光を発したばかりの恒星が星座をかたちづくっているかのようだと思ったのは、天井から吊り下げられた金色の照明器具とその光でした。長いワイヤーで吊り下げられた照明器具から微弱な光が床面に届き、薄暗闇を照らしています。天井を見上げると、切れ目から自然光が差し込んでいて、実際の天

聖ペトリ教会の祭壇。金色の照明器具が印象的です。

照明を落とすと天井のスリットから自然光が床面に差し込みます。

空が覗いてみえました。その穿《うが》たれたスリットによって空間のさらなる奥行きを感じます。結局2時間ほどそこに滞在していたと思います。思いがけない「突然の恋」が、ときが経つにつれ「永遠の愛」へ変わるように、空間に対して抱いた印象も、長い時間滞在することによってじわじわと心に響く感動へと変わっていきました。

その後、木枯らしが吹きすさぶ初冬に、ストックホルム郊外にあるレヴェレンツ設計の「聖マルクス教会」を訪れました。レンガで覆われた堅牢な外観は、やはり中に入るのをためらわせる閉鎖的な雰囲気がありました。しかし一歩内部に入ると、一瞬のうちに、空間のもつ魅力に心を奪われてしまったのです。それはやはり光の演出が印象的だったからです。波打つ天井から吊り下げられた人工照明が神聖な空間を照らし、ろうそくの炎によっても光の陰影が壁に浮かび上がっていました。厳かでありつつも揺らぎのある空間がそこにありました。

幸運なことに、実際の儀礼がおこなわれる場面に遭遇しました。赤ちゃんの洗礼式です。純真無垢な赤ちゃんは白いおくるみに包まれ、母親に抱かれていました。まわりには多くの親戚、友人が儀式に参列し、その誕生を祝福していました。祭壇に並んだろうそくの炎も、静かにそ

上．聖マルクス教会の外観
下．聖マルクス教会の礼拝堂内部

の場を見守っているかのようです。まるで生命のともしびのように、小さな光を放っていました。儀式がはじまり、神父様がなにかを唱えだすと、突然赤ちゃんが泣きはじめ、小さな身体に似合わない大きな声が空間に響き渡りました。でも参列者は皆、終始にこやかです。

「健やかに育ちますように」

そっと扉を閉めて、教会を後にしました。

レヴェレンツの建築家としての仕事の多くは、教会などの宗教建築です。教会では洗礼、結婚、葬送など、人生の節目としての行事が執りおこなわれます。そこには必ず光と闇があり、光は「生命」、闇は「死」を象徴しているのではないかと思います。

緯度の高い北欧諸国の人々は、太陽の光に対して飽くなきこだわりをもっています。特に宗教建築では、自然光をふんだんにとり入れようとする傾向がみられます。しかしレヴェレンツはその逆で、自然光を極力抑え、人工照明とろうそくの炎で、輪廻転生の世界観を見事につくり出しているのです。このふたつの教会はレヴェレンツ晩年の最高傑作として高く評価されています。

聖ペトリ教会
St. Peter's Church
Sankt Petri Kyrka

1966年
シーグルド・レヴェレンツ
Sigurd Lewerentz（以下同）

Address: Vedbyvägen, Klippan
Phone: +46 4352 9680
www.sanktpetrikyrka.se
Open: 8:00~18:00（月~金）
10:00~18:00（土日）

ストックホルムよりもコペンハーゲンからの方がアクセスが便利です。

行き方

コペンハーゲン中央駅から国鉄 Re で Eslöv 駅へ（約 1 時間）、乗り換えて Stehag 駅で下車（約 5 分）。そこから 518 番バスで Klippan Station へ（約 50 分）、下車徒歩 3 分。

聖マルクス教会
St. Mark's Church
Markuskyrkan

1963年

Address: Malmövägen 51, Johanneshov
Phone: +46 8 505 815 00
www.svenskakyrkan.se/skarpnack
Open: 9:00~16:00（毎日）

行き方

ストックホルム中央駅から地下鉄グリーン線で Björkhagen 駅へ（Slussen 駅で乗り換え、約 20 分）、下車徒歩 1 分。

アスプルンドの夏の家

グンナー・アスプルンドがほんとうの幸せを手に入れたのは50歳を過ぎてからです。

1920年に長男を亡くしたアスプルンド夫妻は、それ以降まともな夫婦生活を送ることができなくなっていました。妻が精神的に参ってしまい、仕事の忙しい夫とすれ違いになり、宗教にすがるようになったのです。その後、ふたりの子どもをもうけますが、家族が増えても夫婦関係は修復できませんでした。

アスプルンドの心を癒したのは、恩師の若妻イングリッドでした。隣りに引っ越してきた、明るくて溌剌《はつらつ》としたイングリッドといつしか惹かれ合う関係になり、1935年にふたりは再婚。それが50歳のときです。それを機に、新しい家族のために、新しい住宅「夏の家」の設計にとりかかります。

ストックホルム郊外のステンネー

スという地に、伝統的な農家をイメージした、あたたかみのある素朴な住宅を建てました。湖を望む絶景の場所に、アスプルンドはようやく安息の場を築き、確かな幸せを手に入れたのです。リビングにある大きく口を開けた暖炉は、女性の子宮のように思えます。すべてを包み込むような優しいデザインです。

わたしが訪ねた晩、女主人がその暖炉に火をくべてくれました。パチパチと焚き木が燃える音を聴きながら、いつの間にかわたしたちのあいだの緊張感もほぐれていました。夕食はきのこ料理に赤ワイン。きのこは裏山で採取したもので、日本ではみたことがない種類のとても大きなものでした。

わたしは暖炉を前に、女主人が語るアスプルンドのこと、イングリッドのことを、ゆったりとした気持ちで聞いていました。アスプルンドも当時、同じような心持ちで、暖炉の炎を眺めながらくつろいでいたことでしょう。

その晩泊まった部屋の窓には、「ダーラナヘスト」という幸せを呼ぶ木彫りの赤い馬が置かれていました。スウェーデンの家にはたいていあるものです。昔は長い冬のあいだ、暖炉の前に座って、手づくりしたそうです。

アスプルンドの夏の家
www.asplundsummerhouse.com/cms/

第三章——フィンランド

幸せのかけら

リボンで結ばれ、箱の中に大切にしまわれているプレゼント。
プレゼントには「幸せのかけら」が含まれている。
手渡されるそのときが来るまで「幸せのかけら」とともに
箱が開かれるその瞬間を待ちわびているのだ。
目にみえないけれど、「幸せのかけら」は箱の中で増殖している。

プレゼントをもらうときはもちろんのこと、
贈るときも同様に、ドキドキ、ワクワクする。

プレゼントを選ぶとき。

どんな部屋で暮らしているのだろうか、
気に入って、使ってくれるだろうか、
想像力を働かせる。
プレゼントを渡すとき。
どんなタイミングで渡したら
よろこんでくれるだろうか、
相手の驚く顔を想像してみる。

そうやって、相手のことで頭の中がいっぱいになり、
相手のことを考えれば考えるほど、
「幸せのかけら」はどんどん増殖していくのだ。

世界で一番好きな住宅

マイレア邸

「世界で一番好きな住宅は？」と聞かれたら、迷わず「マイレア邸」と答えています。それはなぜかというと、わたしが「幸せのかけら」を体感したはじめての建築だからです。

マイレア邸は、マイレ＆ハリー・グリクセンのために建築家アルヴァ・アアルトが設計した20世紀を代表する住宅です。クライアントのマイレは、パリで画家のフェルナン・レジェに師事するなど芸術に造詣《ぞうけい》が深く、モダンアートのコレクターでもありました。マイレは自邸建設以前の１９３５年にアイノ＆アルヴァ・アアルト夫妻らとアルテックという家具販売会社を設立しました。アアルトのデザインした家具を大量生産して販売するための会社で、マイレはアアルトのパトロンというわけです。そしてそこにギャラリーを併設して、マティスやピカソなど国際的な芸術家の作品を展示していました。

さて、そのマイレがアアルトに自邸の設計を依頼したのは１９３７年のこと。アアルトの実力を見込んだマイレ夫妻は、「費用のことは気にせず、自由に設計してほしい」と依頼しました。ただし条件がひとつ、アートのコレクションを展示するためのギャラリーをつくること。

わたしがはじめて訪れたのは、2002年のある晴れた冬の日でした。ふわふわのパウダースノーが舞い降りたばかりの林道を、友人ふたりと胸をときめかせながら歩きました。そのとき踏みしめた靴底の感覚、木々のあいだから差し込むやわらかな木漏れ日、その背後にある真っ青な空、吐く息が白くくもる少し湿り気を帯びた空気、高木から飛び立つ鳥の羽音やさえずり。マイレア邸へ向かう情景と高揚感は、今でもわたしの記憶に残っています。

木々のあいだから少しずつ姿を現したマイレア邸は、穏やかなたたずまいでした。まるで母親が子どもを出迎えるかのように、わたしたちを優しい微笑みで迎えてくれました。

わたしたちは到着後、すぐに建物の中に入らず、外からマイレア邸を眺め、全体像を把握しようとしました。正面から右まわりに、サウナ小屋のある庭へ向かい、雪に埋もれたプールごしに建物をみつめました。雪化粧をしたマイレア邸はとても上品で美しく、わたしの脳裏に鮮明に焼きつけられました。記憶の中の美しい映像は何度でも思い返すことができます。

3人のうちの誰も「早く中に入ろう」とはいい出しませんでした。おそらく3人とも「建物を外からじっくり眺めていたい」という気持ちが勝っていたのでしょう。ようやく建物の正面にもどってきたときには、身体がすっかり冷えきっていました。わたしたちはおたがいにコートや帽子についた雪を払い合い、中に入る準備を整えました。そしていよいよプレゼントを箱からそっととり出すように、建物の中にそっと足を踏み入れました。

エントランスホールは天窓から差し込むやわらかな光のおかげで、想像以上に明るく感じました。わたしたちは靴を脱ぎ、コートをハンガーにかけ、建物の中を見渡しました。タイル張りの床、白く塗られたレンガの壁、木の天井、毛の長い絨毯など異なる素材が、空間に調和していました。素材そのもののナチュラルな色彩、触れると異なる温度差。それらを目と肌で感じとりました。素材に敏感になれたのは、靴を脱いだことが大きかったのではないでしょうか。

リビングに入ると、階段まわりには小気味よく連立する柱が現れ、大きなガラス窓の向こうには真っ白な雪景色と澄んだ青空がひろがっていました。さっきみた曲線を描くプールと、雪をかぶった質素なたたずまいのサウナ小屋。まるで一枚の絵画のように静寂で美しい風景です。アアルトにとっては窓の景色も一枚のアート作品なのです。このように彼は日常生活の中に芸

雪景色のマイレア邸。手前がマイレの居室。

マイレア邸のミュージックルーム

術を楽しむ場を設けました。マイレが希望していたアートギャラリーは、生活のあらゆる場所に散りばめられ、常に芸術に囲まれた豊かな生活が実現したのです。

わたしたち3人はひと通り内部を見終わると、ひとりは床に座り、いつも抱えているクロッキー帳に階段のディテールをスケッチしはじめました。わたしともうひとりはリビングのふわふわのソファに腰掛け、もう一度低い視点からマイレア邸内部や庭を眺めました。「こんな家に住めたら幸せだね」「あのおしゃれなピアノを弾いてみたいね」などと語り合いながら、夢のようなひとときを深く胸に刻みつけようとしました。スケッチが終わるのを待っていたつもりが、いつの間にかもうひとりも話に加わり、アアルトにまつわる建築談義に花を咲かせました。白熱した議論は帰りのバスにもち越され、感動と興奮がいつまでも続いていたことをよく覚えています。

そのとき感じた空気感が非常に心地よかったのはなぜでしょう。

おそらく「幸せのかけら」がそこかしこに含まれていたからではないでしょうか。ある歴史

上．ダイニングルーム
下左．日本的要素をもつサンルーム
下右．リビングへ向かう通路

家がマイレア邸を訪ねたとき、アアルトに次のようにいったそうです。「君がつくったのは建物じゃない。一遍の恋愛詩だよ」。アアルトとマイレの関係はいろいろと噂されていましたが、その真偽は謎のままです。たしかに外観をみると、マイレの寝室が特別なのがわかります。日当たりのよい角部屋に位置し、外周には黒褐色の細長い板を連続させ、緩やかな曲線をかたちづくっています。『ロミオとジュリエット』に出てくるバルコニーのような、特別な意味合いをもっているように思えてきます。しかしマイレア邸は「生涯の友」というべき夫妻とその家族のために丹念に設計された住宅であることに違いはありません。何度も設計変更を繰り返し、時間をかけてつくられたことがそれを物語っています。最良の家をつくり出したこと自体が、アアルト夫妻からマイレ夫妻へ向けられた「珠玉の贈りもの」といってよいでしょう。

わたしと同行した友人ふたりはその旅行がきっかけで付き合いはじめ、結婚しました。3人でともに体感したマイレア邸。そのときすでにふたりのあいだでは愛が育まれはじめていたのです。そんなエピソードもあって、マイレア邸は特別な存在になりました。

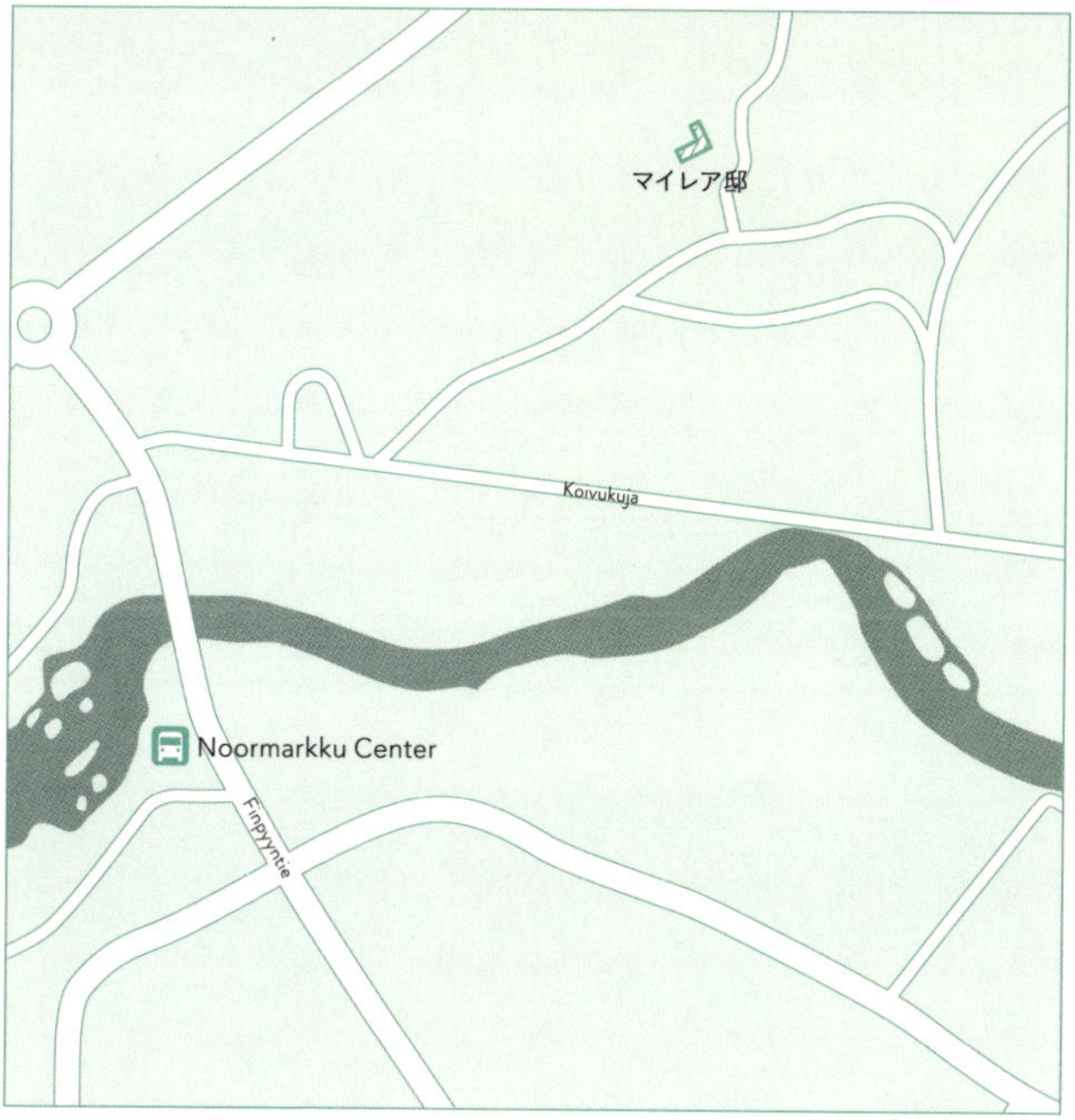

行き方

ヘルシンキ中央駅から特急でTampere駅へ、乗り換えてPori駅で下車(約4時間)。そこからバスでNoormarkku Centerへ(約30分)、下車徒歩15分。

マイレア邸
Villa Mairea

1939年
アルヴァ・アアルト/Alvar Aalto

Address: Pikkukoivukuja20, Noormarkku
Phone: +35 8 10 888 4460
www.villamairea.fi

見学には事前予約が必要です。ホームページからお申し込みください。

親密な空間

「次の曲がり角を右」

「はーい、了解」

「あ、違った、左だった……」

「え、もう遅いよ。どうしたらいい？」

「えっと。じゃあこのまま、まっすぐいって」

「ええっ、それじゃ目的地にたどり着かないじゃん」

「予定変更。別な場所にしよう」

行き先がころころ変わるドライブ。

ナビになっていない指示にふつうだったらイライラするけれど、
好きな人なら許せてしまうのは、惚れた弱みなのだろうか。

「このままずっと、ふたりきりでいたい」

そう願っているのもつかの間、目的地にたどり着いてしまった。

ドライブのあいだ、ふたりの心の距離はどんどん縮まっていった。

車という密室は身体の距離に比例して、心の距離もぐんと近くなりやすい。

道を間違え、少し遠まわりになったのも、

ふたりきりの時間が増えたので嬉しいハプニングだった。

心地よい親密なひとときだった。

カーステレオから流れる音楽のボリュームを少し落とし、

たわいもない話に「へー」と頷いたり、くだらない冗談に「くすっ」と笑ったり。

ふと、わたしの大切な秘密を打ち明けたくなった。

愛する人と過ごす最小限の空間

コエタロのサウナ小屋ほか

フィンランドにおける「サウナ文化」を紹介しましょう。同じ北欧でもほかの国にはサウナ文化はありません。森と湖の国フィンランドならではの文化として発展したものです。

サウナは高温の蒸気で発汗を促し、芯から冷えきった身体をあたためるために欠かせません。サウナはほとんどの家庭にとりつけられていますが、日本のように浴槽のある風呂はあまりみかけません。フィンランド人にとってサウナは神聖な場所であり、かつては出産もおこなわれていたそうです。一般的には病を癒す場といわれています。彼らにとって、生活に必要不可欠なもので、サウナなしの人生は考えられないそうです。

フィンランド式サウナでは、まず室内にある熱した石にひしゃくで水をかけて蒸気を出します。そして人々は白樺《しらかば》の枝を束ねたものを身体にたたきつけ、血行をよくします。たたくごとにフィンランド人の白い肌が赤くなるのをみると痛々しく感じますが、彼らにとってはそれがかえって気持ちいいそうです。身体が蒸気であたたまると外に出て、はだかで湖に飛び込むのが流儀です。冬は湖が凍っているので雪の中に飛び込み、身体を一気に冷やします。サウナでの発汗、外部でのクールダウンを何度も繰り返します。

彼らは別荘を所有している割合が多く、週末は家族で過ごしたり、親しい友人を招いて、サウナで交流を図ります。広いサウナ小屋であれば、内部に休憩スペースのほか、ちょっとしたダイニングスペースがあります。そこで飲食をしながら親しい友人たちと交流を深め、サウナを社交の場としています。大事なゲストを招き、商談することも多いと聞きます。まさしく「はだかの付き合い」を通じ、相手との信頼関係を深めていくのです。

わたしもサウナパーティーに招かれたことがあります。フィンランドで大学間のワークショップを終え、総勢20名ほどが男女別のサウナに入り、その後、ダイニングスペースで大宴会となりました。途中、現地の男子学生たちがいたずらな目をして、「湖に飛び込もうよ、それがフィンランド式サウナなのさ」と何度も誘ってきましたが、大和撫子《やまとなでしこ》たる日本人女性は誰も実行しませんでした。さすが現地の女子学生たちは堂々とはだかで飛び込み、気持ちよさそうに泳いでいました。次回は恥ずかしがらずにチャレンジしたいと思います。

アルヴァ・アアルトは住宅とともにサウナ小屋も設計しているケースが多くあります。マイレア邸（140ページ）、現代作曲家のコッコネン邸（180ページ）もそうです。ここではアアルトの実験住宅「コエタロ」のサウナ小屋を紹介しましょう。「コエタロ」は別名「夏の家」と呼ばれています。再婚したアアルトとエリッサのふたりが、夏のあいだ暮らすための別荘として計画されました。

わたしが最初に訪ねたのは冬でした。バスを降りると道路脇に多くの別荘が点在していますが、アアルトの別荘はそう簡単にはみつかりません。なぜなら当時は湖からボートでアクセスしていたからです。舗装された道路からはずれた、曲がりくねった林道の奥にあります。落ち葉を踏みしめながら緩やかな丘を上ると、林の向こうにようやくその姿がみえてきました。

「実験住宅」とも呼ばれる所以《ゆえん》は、まさに実験しながら暮らしていたからです。たとえば、中庭の壁面には、さながらパッチワークのように異なる煉瓦やタイルが貼りつけられ、まるでショールームのようです。

上.林の中にたたずむコエタロのサウナ小屋
左.取っ手は自然素材。二度目に訪れた際、
扉を開けてもらいました。

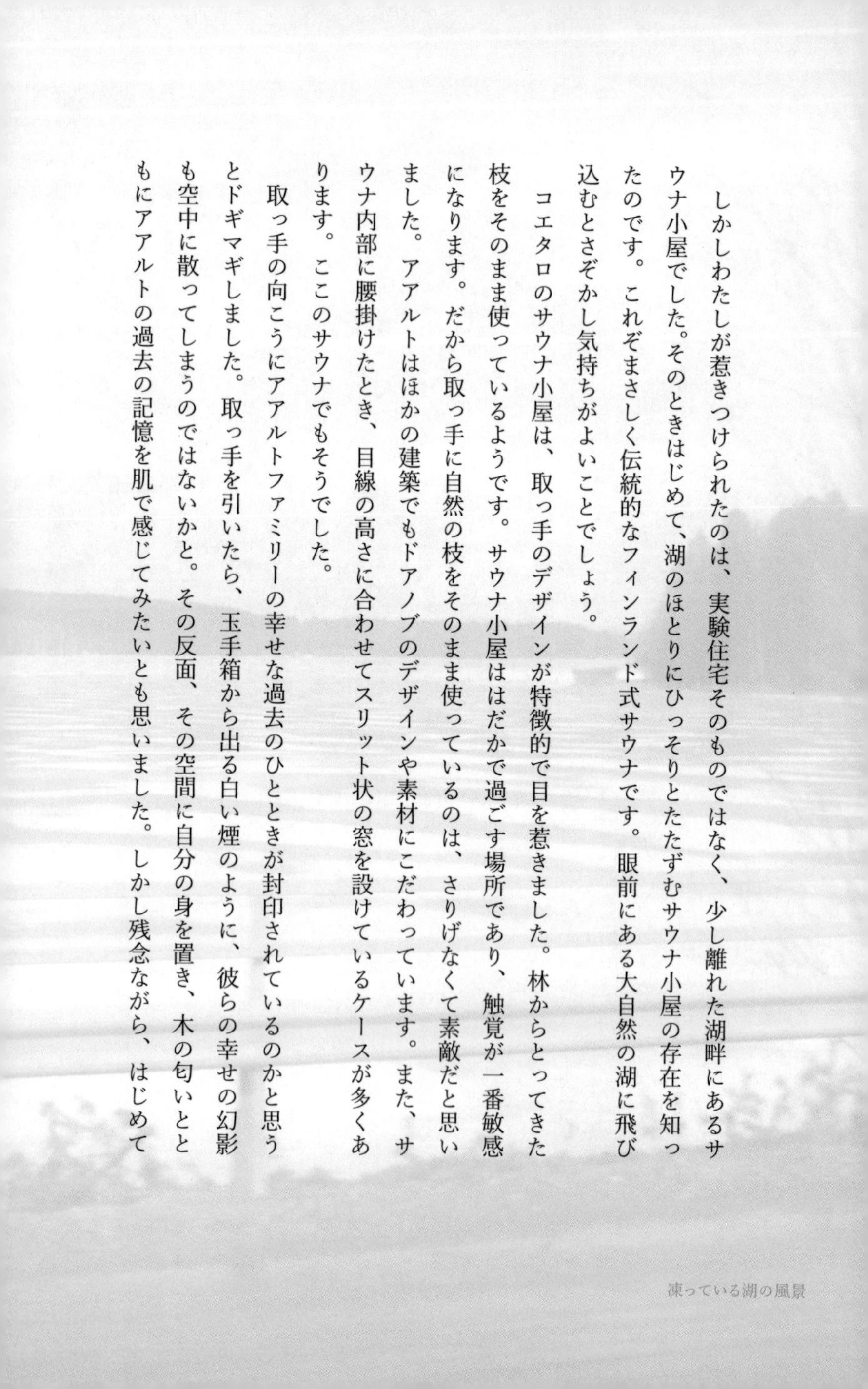

凍っている湖の風景

しかしわたしが惹きつけられたのは、実験住宅そのものではなく、少し離れた湖畔にあるサウナ小屋でした。そのときはじめて、湖のほとりにひっそりとたたずむサウナ小屋の存在を知ったのです。これぞまさしく伝統的なフィンランド式サウナです。眼前にある大自然の湖に飛び込むとさぞかし気持ちがよいことでしょう。

コエタロのサウナ小屋は、取っ手のデザインが特徴的で目を惹きました。林からとってきた枝をそのまま使っているようです。サウナ小屋ははだかで過ごす場所であり、触覚が一番敏感になります。だから取っ手に自然の枝をそのまま使っているのは、さりげなくて素敵だと思いました。アアルトはほかの建築でもドアノブのデザインや素材にこだわっています。また、サウナ内部に腰掛けたとき、目線の高さに合わせてスリット状の窓を設けているケースが多くあります。ここのサウナでもそうでした。

取っ手の向こうにアアルトファミリーの幸せな過去のひとときが封印されているのかと思うとドギマギしました。取っ手を引いたら、玉手箱から出る白い煙のように、彼らの幸せの幻影も空中に散ってしまうのではないかと。その反面、その空間に自分の身を置き、木の匂いとともにアアルトの過去の記憶を肌で感じてみたいとも思いました。しかし残念ながら、はじめて訪れたその日は、その扉が開くことはありませんでした。

フィンランドの近代住宅として有名なヴィトレスクのサウナ小屋も、目の前にある大きな湖に飛び込むスタイルです。ヴィトレスクは、エリエル・サーリネン、アルマス・リンドグレン、ヘルマン・ゲゼリウスの3人が共同設計した住宅です。ヘルシンキに事務所を構えていた彼らは理想的な暮らしを求め、生活環境を都会から田舎へ移しました。彼らの掲げたユートピア思想はウィリアム・モリスの総合芸術の考えから来ています。しかし3家族の生活はすぐに破たんをきたしてしまいました。現在、3人の住宅はミュージアム、ホテル、レストランになっています。

そこから少し離れた湖畔にあるサウナ小屋は、彼らが去った後の１９７９年にフィンランドの建築家レイマ&ライリ・ピエティラによって設計されたものです。コエタロのサウナ小屋よりもひとまわり大きいサイズです。複数の家族でサウナを楽しむことを想定し、それにふさわしい大きさにしたのでしょう。今はサウナの内部を小さなレストランに改装し、予約すればサウナとレストランの両方を体験できます。

ところで、サウナには妖精が住んでいるという言い伝えがあります。けんかや悪口はタブーで、平和なひとときが過ごせるよう、妖精はサウナの片すみで見守っているそうです。目にみえない妖精は蒸気に混じり、空中を舞っています。その蒸気のことを「リョウリュウ」というそうです。バラバラになってしまった3家族にはやはりサウナ小屋が必要だったのでしょう。

20世紀を代表する近代建築家ル・コルビュジエは、海辺の「カップマルタンの休暇小屋」、別名「カバノン」で晩年を過ごしています。妻イボンヌと過ごすためのわずか3・66メートル四方の空間で、まさにサウナサイズです。愛し合うふたりが暮らすなら、言葉なくしてもおたがいの気持ちが空気で伝わるミニマムなサイズです。友達同士や親子なら、ちょっと近すぎるでしょう。ル・コルビュジエはカップマルタンで海水浴中に心臓発作で亡くなりました。

愛するふたりだからこそ保つことができる最小限の空間。好きな人とはできるだけそばにいて、その人の存在を感じていたいと思うものです。そう考えると、サウナ小屋のサイズは、愛するふたりにはうってつけの大きさといえるでしょう。

上．ヴィトレスクのサウナ小屋
下．凍っていなければ湖に飛び込みます。

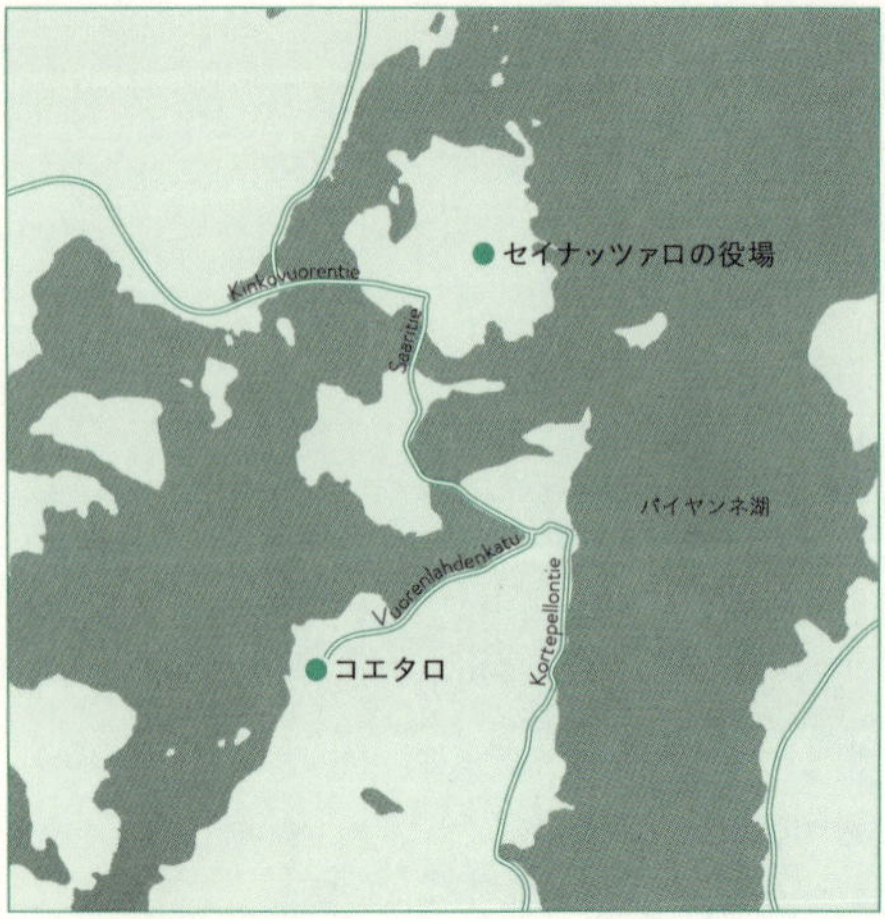

行き方

コエタロ

ユヴァスキュラ Jyväskylä 駅から車で 30 分。セイナッツァロの役場まで 16 番か 16M 番のバスでいき、そこからバスを乗り換えてもいける。

セイナッツァロの役場

ユヴァスキュラ Jyväskylä 駅から 16 番か 16M 番バスで約 30 分。

コエタロ

Experimental House "Koetalo"

1954年

アルヴァ・アアルト/Alvar Aalto

Address: Melalammentie 2, Säynätsalo
Phone: +358 14 266 7113
www.alvaraalto.fi/koetalo.htm
英語のガイドツアー: 13:30~ (6/1~9/15の月水金、8月は月~金)

ツアーに参加しなければ見学はできません。ユヴァスキュラのアルヴァ・アアルト美術館かメールで事前にお申し込みください。

セイナッツァロの役場

Säynätsalo Town Hall / Säynätsalon Kunnantalo

1952年

アルヴァ・アアルト/Alvar Aalto

Address: Parviaisentie 9, Säynätsalo
Phone: +358 14 266 1526
www.jyvaskyla.fi/saynatsalo
Open: 8:30~15:30 (月~金)
Closed: 土日

事前に予約をするとゲストルームに宿泊することができます。詳細はホームページで確認してください。

www.jyvaskyla.fi/saynatsalo/english/freetime/accommodation

行き方

ユヴァスキュラ Jyväskylä 駅から徒歩 5 分。

アルヴァ・アアルト美術館
Alvar Aalto Museum
Alvar Aalto Museo

1974年
アルヴァ・アアルト/Alvar Aalto

Address: Alvar Aallon katu 7, Jyväskylä
Phone: +358 14 266 7113
www.alvaraalto.fi/aaltomuseum.htm
Open: 11:00~18:00 (火~日)
Closed: 月曜日

アアルト設計の中央フィンランド博物館(1961年)が隣接しています。そのほか、ユヴァスキュラ大学(1971年)、労働者会館(1925年)など、周辺にはアアルト作品が数多くあります。

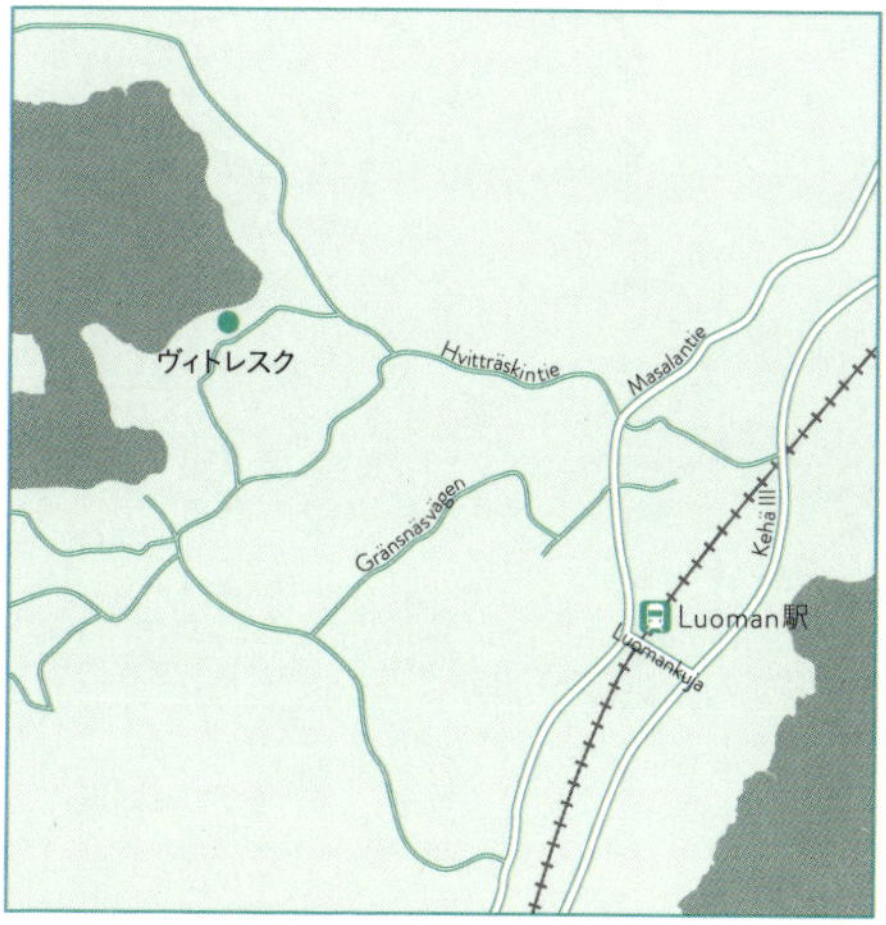

行き方

ヘルシンキ中央駅から電車で Luoman 駅へ (約 30 分)、下車徒歩 30 分。

ヴィトレスク
Hvitträsk

1903年
ヘルマン・ゲゼリウス、アルマス リンドグレン、エリエル・サーリネン
Herman Gesellius, Armas Lindgren and Eliel Saarinen
レイマ&ライリ・ピエティラ (サウナの設計)
Reima & Raili Pietilä

Address: Hvitträskintie 166, Luoma
Phone: +358 9 4050 9630
www.nba.fi/en/museums/hvittrask
Open: 11:00~17:00 (3/1~4/30および10/1~12/22の水~日、5/1~9/30の毎日)
Closed: 3/29、6/21、6/22

3人の住居は博物館、ホテル、レストランとして公開されています。

マリメッコとミナ ペルホネン

カラフルな色彩と大胆なデザインが特長の「マリメッコ」。日本でも人気のブランドです。ひとつ身につけるだけで華やいだ気持ちになるので、わたしはマリメッコのかばん、洋服、小物類をたくさんもっています。もっとも有名なのは「ウニッコ」というケシの花柄です。わたしが最初に購入したのも黒いウニッコ柄のかばんでした。

マリメッコの歴史は戦後１９５１年からはじまります。その名は「小さなマリーのためのドレス」という意味で、ウニッコ柄は当時、看板デザイナーであったマイヤ・イソラが発表したものです。ほかにも植物をモチーフにしたものが多いのが特徴です。ジョン・Ｆ・ケネディ大統領の妻ジャクリーンも、マリメッコのドレスを大変気に入り愛用していたそうです。現在も多くのデザイナーがマリメッコに所属し、色彩豊かなデザインを次々と世に送り出しています。

航空会社フィンエアーは2013年春よりマリメッコとコラボレーションし、全旅客機にウニッコ柄を導入。エプロンやブランケットもマリメッコによるデザインに変わりました。

「ミナ ペルホネン」は「わたしの蝶々」という意味のフィンランド語です。皆川明氏が立ち上げたブランドで、通称「ミナ」と呼ばれています。わたしがはじめて手に入れたミナの商品は「エッグ」という卵のかたちをしたかばんでした。その後、蝶々の刺繍が入った青いワンピースを購入しました。友達の結婚式に着ていくための洋服を探しに白金台のお店に入り、目にとまったのです。その名も「party」という名の柄です。

その後、ひと目ぼれした柄があります。2013年春に新作発表された「mingling」という柄で、北欧の港に集まる海鳥たちをイメージしたものです。

ぽかぽか陽気のある日、はじめてそのスカートをはいて出かけました。カラフルな海鳥たちがデザインされたスカートは遠くからでも目立ちます。歩いていたら、スカートの裾《すそ》がふわりと風に舞いました。

これは海鳥たちのいたずら？

言葉のキャッチボール

ポーンと言葉のボールを投げかける。
ポーンと同じスピード、同じ強さ、同じテンポでもどってくる。
次はポーンと変化球を投げてみる。
しばらくすると、ポーンと同じようにもどってくる。

キャッチボールを繰り返すことによって
遠すぎず、近すぎず、
速すぎず、遅すぎず、
強すぎず、弱すぎず、
という加減を知ることになる。

テンポよく続けば続くほど、
ふたりの親密度が増していくのはいうまでもない。
「言葉のキャッチボール」は、実際の会話だけを指すのではない。
E mail、SNSなど、インターネットを介しての会話もある。
目で合図する無言のキャッチボールもある。
愛するあなたへの問いかけは、尽きることはない。
さて、また次のボールを投げてみよう。

呼応する関係

オタニエミの礼拝堂

首都ヘルシンキの郊外にあるオタニエミには、アルヴァ・アアルトが設計した大学キャンパスがあります。現在は「アアルト大学」という名称に変わりましたが、かつては「ヘルシンキ工科大学」と呼ばれていました。２０１０年に「ヘルシンキ経済大学」「ヘルシンキ芸術デザイン大学」と合併し、名称を変えたのです。

その広大なキャンパスの敷地には、大学校舎のほか、学生寮、教員住宅などがあります。そのはずれに、通称「オタニエミの礼拝堂」と呼ばれる小さな礼拝堂が、林の中にひっそりとたたずんでいます。これはアアルトではなく、フィンランドの建築家カイヤ＆ヘイッキ・シレンが設計したものです。建物自体は質素な造りで、内部に入ってもその印象は変わりません。宗教建築にみられる荘厳さはなく、一般住宅のような家庭的な雰囲気をもっていました。素朴な感じで、誰でもゲストとしてあたたかく迎え入れてくれる、優しさを含んだ空間でした。そ

オタニエミの礼拝堂入り口

こに通う大学生に案内してもらったのですが、礼拝堂に対する彼らの態度には、まるで自分の家に招くかのような気さくさと親密さがありました。礼拝堂内部には、弱くて優しい光が充満していました。北欧諸国の中でも高い緯度にあるフィンランドでは、特に自然光を大切に扱います。しかし祈りを捧げるには、明るすぎない弱い光がふさわしいのです。正面はガラス張りになっていて、向こう側には木々に混じって十字架がみえます。大きすぎず、小さすぎず、ちょうどいい大きさです。人間のスケールに見合った十字架だと思いました。

ポーンと投げたらポーンと帰ってくる「キャッチボール」。距離がほどよく近いほど、身体でほどよく受けとめることができます。それがオタニエミの礼拝堂で受けた感覚でした。「キャッチボール」には、それにふさわしい距離があるように、外部の十字架と内部にたたずむ人の距離がちょうどいいのです。十字架は言葉を発するわけではありませんが、十字架自体が放つ意味を受けとるには、これくらいの距離がふさわしいのです。わたしはこの十字架との距離感やほっとさせる空気感が心地よく、椅子に腰掛け、しばらくのあいだ、十字架をみつめていました。

十字架との対話（オタニエミの礼拝堂）

建築家の安藤忠雄は、北海道のアルファリゾート・トマム内に、結婚式のための「水の教会」を設計しました。オタニエミの礼拝堂を参照し、外部の十字架と内部の礼拝堂のあいだにガラス面を設けていますが、可動式で横にスライドできるので、外と内の空間を一体化することができます。これはいかにも日本的だと思いました。「自然との共生」をコンセプトに掲げたこの教会では、冬以外はガラス面を開放しています。自然の風、太陽の光、水の音、鳥のさえずりなどを直接受けとめることができます。

しかしオタニエミの礼拝堂は、ガラスで透過性を示しつつも、十字架の置かれた神聖な区域と、礼拝堂内部とを区切っています。決して踏み込んではいけない聖なる世界。ガラスで区切ることによって十字架のもつ絶対的な力や、神秘性、崇拝性をより高めているのではないでしょうか。ガラス面は神聖な世界との境界線、つまり結界となっているのです。

ガラス面を挟んで、外部の十字架と内部にたたずむ人、外の爽やかな風と内のやわらかな空気、あるいはまばゆい太陽の光と天井から降り注ぐオレンジ色の照明、それらが呼応し合っている空間でした。

ここでおこなわれる十字架との対話は、ほかとくらべてそれほど深刻なものではないように思います。たとえるなら、親戚の家にいってなにかを相談したり、学校の先生になにかを報告したりするような、フランクな内容です。

「またいつでもいらっしゃい」

十字架から慈愛に満ちた眼差《まなざ》しのようなものを感じました。

行き方

ヘルシンキ中央駅から102番バスでTeekkarikylä へ（約20分）、下車徒歩20分。

オタニエミの礼拝堂
Otaniemi Chapel
Otaniemen Kappeli

1957年
カイヤ&ヘイッキ・シレン/Kaija & Heikki Siren

Address: Jämeräntaival 8, Espoo
Phone: +358 9 8050 4902
www.espoonseurakunnat.fi/web/asiointi/otaniemen-kappeli
Open: 9:00~19:00（9/1~5/31の月~木）、9:00~15:00（9/1~5/31の金~日）
12:00~17:00（6/1~8/31の月~金）

先がみえない

わたしたち、この先どうなるの？
いつも一緒にいるけれど、わたしはなに？
友だち？
恋人？

はっきりさせたいようで、させたくない。
それはそれで居心地がいいから。
曖昧な関係は、どこか秘密めいている。
きっちりと線を引くのが怖くて、
尋ねることができない。

「わたしのこと、どう思ってるの?」

言葉で確認したら最後。
これまでの居心地のいい関係が崩れてしまうかもしれない。
白黒はっきりしない、グレーな関係。
だから本当の気持ちは聞けないし、いうこともできない。

先がみえない関係に、不安な夜を過ごすこともあるけれど、
進めばきっとみえてくるだろう。
ふたりの行き先が……

長いスロープ

キアズマ現代美術館

緩やかな長いスロープのある吹き抜け空間。その先にはなにがあるのでしょう。わたしはキアズマ現代美術館のエントランスで待ち合わせをしていました。

「仕事が長引いて、会えないかもしれない」と別の友人から伝言を受けていたので、15分ほど待って来なかったら展示室の中に入ろうと思っていました。するとハァハァと白い息を切らせながら、透き通る頬を赤らめて、彼はやってきました。外は大吹雪でした。

「はい、僕からのプレゼント」。小さな包みを差し出し、涙目になったわたしをぎゅっと抱きしめました。背中にまわした指の一本一本が分厚いコートにくい込むくらい、力強いハグでした。ふたりともしばらく無言のまま抱き合っていました。

彼の姿を見送った後、わたしはキアズマのスロープをゆっくり上っていきました。そのときなにをみたのか、なんの展覧会だったのか、まったく覚えていません。わたしが覚えているのは長いスロープの存在だけ。足元をみながら緩やかなスロープを一歩一歩、体重を移動させながら上っていきました。彼と過ごした楽しい日々を振り返り、「きっとまた逢える」と信じて。

数年後、フィンランドを再訪しました。そのときもう一度キアズマを訪れ、今度はじっくりと現代アートと建築空間を楽しむことができました。エントランスを過ぎ、チケットを買って、スロープを上ります。今度は「早く展示をみたい」というはやる気持ちを抑えつつ、足早に歩いていきました。

内部に入ると、ひとつとして同じかたちの展示室はなく、まるで立体パズルのようです。その中を歩いていくことは、パズルのピースをひとつひとつ確認しながら、当てはめていく作業に似ています。張り巡らされたネットワークのような通路を介し、次の展示室へとつながっていく空間構成になっています。決められた順路はなく、指示がない限り気の向くままにちらりとみえる展示物に導かれ、次の展示室に入っていきます。変化に富む空間を移動していくにつれ、それぞれの展示室に独特の空気感が漂っていることに気づきました。どこの展示室にも自然光が入る仕組みなのですが、光の入り方がそれぞれ異なるのです。上部の天窓、壁面の窓な

右．エントランスホールにある長いスロープ
上．キアズマの外観。屋根と一体化した外壁。
下．キアズマの正面入り口

ど、開口部の位置や大きさは様々です。廊下や階段にはとりわけ大きな窓があり、そこから溢れんばかりの自然光が入り、ほっとひと息つけるよう椅子が置かれています。鑑賞者への配慮もうまい具合になされているのです。

設計者はアメリカ人建築家のスティーヴン・ホール。外観はみる位置によっては異なる建物のようです。たとえば正面からみるとふたつのヴォリュームの建物ですが、別の位置からみると、弧を描いた銀色の金属板の壁が屋根と一体化してみえます。まさに現代美術館にふさわしい建物といえるでしょう。改めて建物の外周を歩くと、「あそこが休憩場所で、あそこがあの展示室」と確認できます。内部で受けたパズルのような印象も「なるほど」と理解できました。このような不定形の建物では、内部の展示室のかたちがそれぞれ異なるのは当然なのです。

TRAVISのCD「The Man Who」を聴きながら、「今頃、彼はどうしているかな」と思うことがあります。あのとき彼から受けとったプレゼントです。結婚して子どもが生まれたのを知り、Facebookで幸せそうな家族の写真をみて、ときの流れを感じました。長いスロープの先にあったものは、別々の人生でした。

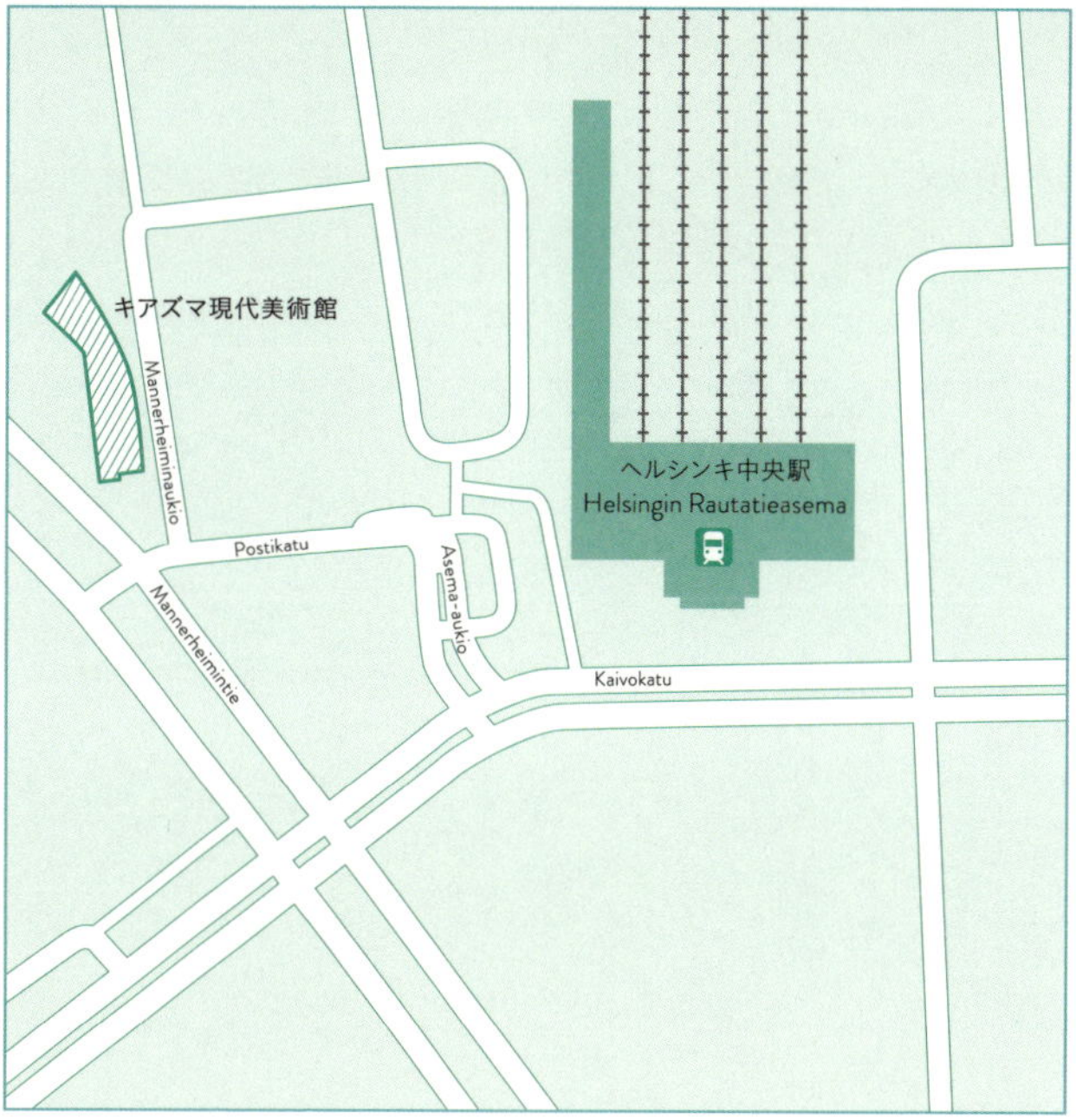

行き方

ヘルシンキ中央駅から徒歩5分。

キアズマ現代美術館
KIASMA Museum of Contemporary Art
KIASMA

1998年
スティーブン・ホール/Steven Holl

Address: Mannerheiminaukio 2, Helsinki
Phone: +358 9 1733 6509
www.kiasma.fi
Open: 10:00~17:00(火)、10:00~20:30(水~金)
10:00~18:00(土)、10:00~17:00(日)
Closed: 月曜日

「キアズマ」とは生物学用語の「chiasma(染色体間の交叉)」から来ています。立地をみると、アアルト設計のフィンランディア・ホール、ヘルシンキ中央駅、議事堂が交叉する地点に位置しています。歴史、文化、芸術、人など、多様な交叉が生まれる場所として提案されました。

アルヴァ・アアルトのデザイン

もっと気軽にアアルトを知るために、ヘルシンキからアクセスしやすい建築を紹介しましょう。

■アアルト自邸&アトリエ

亡くなるまで家族と暮らした自邸は、ヘルシンキ郊外の住宅地ムンキニエミにあります。前妻アイノが愛用したグランドピアノがリビングルームに置かれています。アトリエは自邸から徒歩15分の場所にあり、仕事場のほか扇形の野外劇場と、緩やかなカーブの展示ホールが特徴です。自邸もアトリエも見学ツアーがあります。

■カフェ・アアルト

市内観光につかれたら、アカデミア書店内にあるカフェ・アアルトで休憩してみてはどうでしょうか。カフェにはアアルトがデザインした照明器具「ゴールデンベル」が、金管楽器のように天井からぶら下がっています。

■コッコネン邸

ヘルシンキから電車で45分ほどのヤーヴェンパーに、現代音楽家ヨナス・コッコネンの邸宅があり、２００９年より一般公開されています。見学ツアーには音楽家による生演奏がついています。演奏後はお茶とお菓子のサービスがあり、建築見学会というよりも自宅のサロン音楽会に招かれたような豊かな気分になれます。

■お土産を買うには

イッタラ、アルテック

アアルトの魅力は建築だけではありません。湖のかたちを模したフラワーベースやキャンドルホルダーなどのガラス製品は不動の人気商品です。「スツール60」という3本足の椅子は２０１3年に80周年を迎え、ロングセラー商品となっています。テキスタイル siena シリーズはシンプルなデザインなので、飽きがきません。末永く使うことができます。

○アアルト自邸＆アトリエ

www.alvaraalto.fi/aaltohouse.htm　www.alvaraalto.fi/studioaalto.htm

○カフェ・アアルト

cafeaalto.fi

○コッコネン邸

www.villakokkonen.fi/en

第四章――ノルウェー

傷とかさぶた

誰にだって深く傷ついた経験はあるだろう。
普段は忘れていても、そのことに触れられると、急に表情が暗くなる。
そんなことはないだろうか？

完治していない心の傷は、かさぶたで覆われている。
かさぶたは傷を覆うよろいのようなもの。
外敵から身を守るため、
新しい皮膚を再生するため、
がっちりと強固に傷を覆っている。
それでも、かさぶたに触れる衝撃が大きいと、かさぶたの下から出血することもある。
膿が出ることもある。

心のかさぶたも、心の傷も、
目にはみえないけれど、
それらはその人自身が積み重ねてきた歴史の一部だ。
忘れてしまいたい過去の出来事も、
なかったことにすることはできない。
だから人は傷とともに、
過去を背負って生きていくのだろう。

過去を覆う増改築

ヘドマルク博物館ほか

過去の傷を抱えている建築に出会うと、胸がしめつけられます。極端な例ですが「原爆ドーム」は過去の傷をあえてさらけ出している建築です。正式名は「広島平和記念碑」。忘れてはならない過去の忌まわしい出来事をかたちとして残しているのです。あの痛々しい姿をみると、胸が張り裂けそうになります。2011年の東日本大震災によって破壊された東北の風景は少しずつとりもどされつつありますが、人々の記憶に残すため、そして後世に甚大な被害を伝えるため、傷跡を象徴するモニュメントや記念碑は必要といえるでしょう。

過去の傷跡だけではありません。歴史的建造物を残すこともこれからの日本にとって重要な課題になることでしょう。すべての建物は、ときの経過とともに古びていきます。しかし、古びることは決して価値を失うことではありません。人間でたとえるなら、定年を迎えた人が使いものにならないわけではありません。まわりを見渡してください。経験豊富な60代はいろいろな場面で社会に貢献しています。よくも悪くも、我が国の政治家は70歳を過ぎても現役を退こうとしません。

ところが「減価償却」という、竣工した瞬間から建物の価値が減っていくという考え方があり、日本人は古い建物よりも新しい建物の方に価値があると思い込む傾向が強く、特に住宅に関しては新築志向が顕著です。今でこそ古い建物を改築したリノベーション物件が増えてきましたが、それまではその言葉すら耳にすることはなかったように思います。１９８０年代後半からのバブル期は、スクラップ&ビルドの時代でしたから。

ヨーロッパは日本と真逆で、古い建造物を何世紀にも渡り、市民が大切に扱っています。むしろ新築のガラスファサードの高層ビルをみつける方が困難です。あったとしても都市の景観と不釣り合いで、脆《もろ》そうにみえます。そのかわり、古い建物を残しながら新しい建物を増改築する術に長けているのです。特にわたしが好きなのは、古い建物と新しい建物が家族のように手をつないで、あるいは恋人のように抱き合っている建築です。過去に敬意を払いつつ、新しい技術や素材を用い、違和感なく新しい建築と古い建築が寄り添っているケースをよくみかけます。

ノルウェーの建築家スヴェレ・フェーンが設計したふたつの建築を紹介しましょう。「ヘドマルク博物館」と「ノルウェー国立建築博物館」です。どちらも既存の建物に手を加え、新しいかたちでよみがえらせた事例です。新しく増改築した部分が主張することなく、慎ましやかに古い建物に寄り添っています。

ヘドマルク博物館は、ハマールというオスロから電車で約2時間北上したところにあります。ノルウェー最大の湖、ミョーサ湖が有名です。ハマール駅から博物館までは、美しい湖畔

ヘドマルク博物館外観

の遊歩道を30分ほど歩くとたどり着きます。湖に面して瀟洒《しょうしゃ》な住宅が建ち並んでいるので、楽しい散歩になると思います。

ヘドマルク博物館は、崩れかけたハマール教会の中世の遺構の保存を目的に建てられました。フェーンはガラスで覆われたシェルターを設けています。その内部には回遊できる展示室を設けました。コンクリートの歩道を巡らせ、遺構の石も使い、新旧の異なる素材をうまく組み合わせています。過去の魂が今もそのまま宿っていて、その場にたたずむと過去の遺物の声が聞こえてきそうです。過去の絶対的な存在感を前面に押し出している建築といえるでしょう。フェーンの過去に対する畏敬の念をひしひ

し と感じます。彼は過去との対話を重んじ、過去の遺物に耳を傾ける人物でした。

また、ドイツにある聖コロンバ教会ケルン大司教区美術館を訪れたときも、同じような感動を覚えました。スイスの建築家ピーター・ズントーが設計した美術館です。こちらも過去と現在がうまく融合していました。空襲により廃墟と化していた聖コロンバ教会とその下から発見された遺構、1957年に再建されたサクラメント・チャペルを残し、中世キリスト教美術と現代美術が入り混じった展示室が新たに設けられました。淡いグレーのレンガを積層した外壁は、サクラメント・チャペルを敬ったもので、とても清潔感があります。わたしはこの建物をみて、傷ついた過去を優しく抱きかかえる聖母をイメージしました。お気に入りの美術館建築のひとつです。

それに対し、オスロにあるノルウェー国立建築博物館は、過去に敬意を払いつつも、未来へ向けた明るいメッセージが込められています。既存の建物は銀行として使われていました。フェーンの設計によってこの建物は、展示ギャラリー、カフェ、ブックショップとして生まれ変わりました。骨組として使われている鉄骨柱やアーチなどはそのまま内部でむき出しになっ

上．ヘドマルク博物館の展示室では中世の遺構をそのまま展示しています。
下．ガラスで遺構を覆っています。

下．左は増築した展示ギャラリー
左．展示ギャラリー内部。オープニングはスヴェレ・フェーン展でした。フェーンはオープンの翌2009年に逝去し、最晩年の作品となってしまいました。

REFLEKSION

ていますが、違和感はありません。新たに増築されたギャラリーは全面ガラスに覆われているので、自然光が燦々《さんさん》と降り注ぐ心地よい空間になっています。床と天井が木製のフローリングで覆われているおかげで、光をやわらかく受けとめる効果があり、会場全体が柔和な光に包まれています。靴底がひんやりとする硬いコンクリートの質感とは異なり、木という素材は訪れる人々の気持ちを穏やかにさせる効果があるのでしょう。また、建物自体はガラス張りで開放的であるにもかかわらず、外は堅牢なコンクリートの壁に囲われているおかげで、落ち着いた気分になります。ギャラリーの内部にいると、周囲の喧騒から隔離され、別世界のように静かです。

フェーンはやはりここでも既存の建物との調和を考慮しました。既存の建物は元銀行なので、決して開放的ではありません。重厚で堅牢な構造をしています。だから増築した展示ギャラリーも、既存の建物との統一感をもたせるため、コンクリートの外壁を連続させ、閉じた印象をもたせています。ガラスの増築部をコンクリートの外壁で覆うことによって、じっくり愛を育てるかのように、外敵から身を守るかのように、フラジャイルなガラスの箱を包み込んでいるのです。コンクリートの外壁はまるで新しい皮膚の再生を図る「かさぶた」のようでした。

ヘドマルク博物館
Hedmark Museum
Hedmarksmuseet

1979年
スヴェレ・フェーン/ Sverre Fehn

Address: Strandvegen 100, Hamar
Phone: +47 6254 2700
www.hedmarksmuseet.no
Open: 夏季のみ。それ以外の時期は事前に予約をすればグループのみ見学できます。詳細はホームページで確認してください。

隣りにあるガラスと鉄のパビリオンは、中世の大聖堂の遺構を保存したものです。建築家キャル・ルンドKjell Lundによって設計され、1998年に完成しました。

行き方

オスロ中央駅から電車でHamar駅へ（約1時間30分）、下車徒歩30分。

ノルウェー国立建築博物館
National Museum Architecture Extension
Nasjonalmuseet – Arkitektur

2008年（増築）
スヴェレ・フェーン/ Sverre Fehn

Address: Bankplassen 3, Oslo
Phone: +47 2198 2000
www.nasjonalmuseet.no
Open: 11:00~17:00（火水金）
11:00~19:00（木）、12:00~17:00（土日）
Closed: 月曜日

国立博物館はArt, Architecture, Designの3つの部門からなり、4つの建物に分かれて展示されています。

行き方

オスロ中央駅から12、13、19番の路面電車でKongens gate駅へ（約1分）、下車徒歩3分。

見晴らしのいい場所

小さな頃、公園にいくとまっさきに駆け寄るのが滑り台だった。
階段を上り、腰を下ろし、斜面を一気に滑り落ちる。
それを何度も何度も繰り返す。

階段のてっぺんから公園全体を見渡すと、
ブランコやジャングルジムで遊ぶ子どもたちが小さくみえる。
遠くを見渡すことと斜面を滑り落ちることは、同じくらい気持ちがよかった。

大人になってからも展望台があれば上り、遠くの景色を見渡した。
都心なら、高層ビルから眺めるムード満点の夜景。

宝石箱のように、地上のあかりがきらめいてみえる。
自然が豊かな場所なら、山頂からの絶景。
深い緑、鮮やかな緑、いろいろな緑色に溢れている。

見晴らしのいい場所へは、
ひとりでいくよりも、
好きな人と一緒に訪れ、
その感動を同じように味わいたい。

開放的な場所で、
開放的な気持ちになって、
自分の気持ちを解き放ちたい。

都市の滑り台
オスロ・オペラハウス

オスロのオペラハウスを訪ねたとき、子どもの頃に公園の滑り台を目にしたときと同じ気持ちになりました。まず最初にしたことは、オペラハウスのてっぺんに上ること。ガラス張りの建物には、それを覆うように巨大なスロープがとり巻いていて、平らな屋上には人々の豆粒のようなシルエットがみえます。

「あそこまでいったら、遠くまで景色が見渡せるに違いない」

「海辺や街の風景をてっぺんから眺めてみたい」

そういう衝動に駆られて、巨大なスロープを上りはじめました。

2007年に完成したこのオペラハウスは、ノルウェーの建築集団スノヘッタによるもので、現在はオスロのランドマークとなっています。この巨大スロープは誰でも自由に上ることができるので、まさに都市における「滑り台」的存在として、人気観光スポットのひとつとなっ

上．オスロ・オペラハウス外観
下．巨大なスロープ

ているのです。

その日は雲ひとつない晴天でした。わたしはスロープを上りはじめましたが、日差しが強かったので、目線は自然と足元へいきました。真っ白な大理石の床は、夏の強い日差しの照り返しを受け、とてもまぶしかったのを覚えています。暑さゆえスロープの途中で床に腰掛け、休んでいる人をたびたびみかけました。山登りと違い、涼しい木陰はありません。途中の景色も悪くはないけれど、わたしは休まずひたすらてっぺんを目指しました。

頂上にたどり着くと、予想通りオスロの街と海が一望でき、遠くの市庁舎、港に泊まっている巨大客船、海に浮かぶタンカーなどがみえました。心地よい潮風がわたしの髪をなびかせ、汗がにじんだシャツにも涼しい風が通り抜けます。わたしは異国の風景をぼーっと眺めながら、気がつくと今までのノルウェー旅行の出来事を振り返っていました。

帰りは、行きとは違う側のスロープで、別な景色を楽しみながらゆっくりとした歩調で下りました。スロープは街側と海側の2か所にあります。建物内部を覗くと、ガラスの窓越しに中の様子がうかがえます。

オペラハウスのエントランスホール

外でのアクティビティに満足し、ようやく建物の内部に入りました。冷房がきいていてひんやりと涼しかったのを覚えています。しかし温度差を除けば、まるで外と連続しているかのようです。自然光が燦々と降り注ぐ、開放感のある空間でした。ガラスはソーラーパネルとしても機能しているそうです。

そこでぱっと目にとまったのは、中央にあるコンサートホールの巨大な曲面の壁です。木片を集めて壁を構成しています。そのでこぼこした表面にそっと手を触れてみました。切り口をみるとすべて異なる不定形になっており、表面のでこぼこは音楽のリズムのように変化があって、空間に動きを与えています。まるで木琴の鍵盤がふぞろいに並んでいるかのようで、スティックでたたいて音を鳴らしてみたくなりました。

また、ホワイエにあるクロークや受付では、幾何学模様を展開した白い壁の連なりが目につきました。これはアーティストのオラファー・エリアソンによるデザインです。建築の一部ともアートともいえる彼の作品は、洗練されたシャープさと光の使い方が魅力です。ここでは黄緑色のほのかな人工照明が白い幾何学模様を下から照らし、空間に彩りを与えていました。私の好きなアーティストのひとりです。

ふぞろいな木片を集めた壁面

見学ツアーを申し込み、コンサートホールやバックヤード、オフィスなどをみてまわりました。その後、外に出て改めて建物の外観を眺めると、白い大理石のおかげで青空に映え、爽やかなたたずまいが凛としてみえます。また、巨大なスロープはノルウェーの国技であるスキーのジャンプ台を彷彿とさせます。ダイナミックなデザインは、大人も子どもも魅了する美しい造形です。海から望む建物も申し分ない美しいシルエットでした。

そんなオペラハウスの姿を眺めつつ、もう一度来てみようと心に決めました。次回は夕陽が沈む頃に。

オラファー・エリアソンがデザインした白い壁面

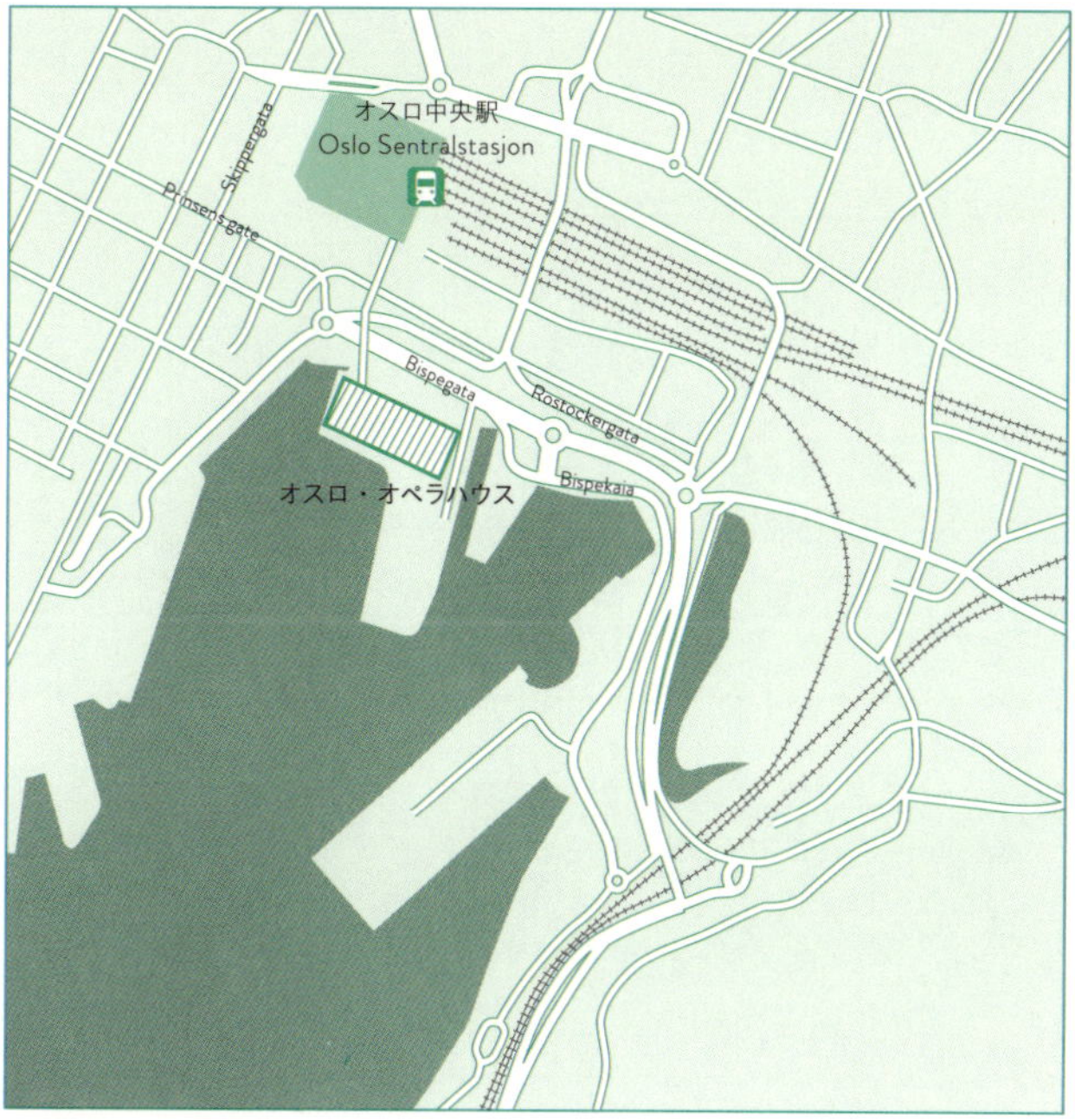

行き方

オスロ中央駅から徒歩5分。

オスロ・オペラハウス
Oslo Opera House
Den Norsk Opera & Ballet

2008年
スノヘッタ Snøhetta

Address: Kirsten Flagstads plass 1, Oslo
Phone: +47 2142 2121
www.operaen.no
英語のガイドツアー: 13:00~(月水金土)、12:00~(日)

古きよきもの

古きよきものを大切に扱う習慣を、現代の日本人は忘れかけています。かつての日本人は皆、モノを大切にしながら暮らしていました。兄弟姉妹の古着を着まわし、母の着物や洋服を娘が譲り受けることは、少し前までは当たり前でした。

ヴィンテージ家具とは特定の年代につくられた逸品のことをいいます。デンマークでは、どの家にもたいていモダンデザインの優れた家具、照明器具などが、日常生活の中にありました。使い古してあればあるほど、その家の歴史が刻まれているようで、輝いてみえます。

帰国後、わたしはヤコブセンの3本脚のアントチェアとセブンチェアを1脚ずつそろえることにしました。どちらもヴィンテージものです。年代が古く、状態のよいものを探していたので、椅子に多少の傷があっても、さほど気になりません。価格は新品を買うのとそう変わりませんでしたが……。

実物をみて決めたかったので、隣県のアンティーク家具屋へ向かいました。はじめて会った店主と北欧話で盛り上がると、店の奥から希少価値のアンティークグッズを出してきてくれました。「まとめて買うから少しまけてね」と値引き交渉をし、2脚の椅子のほか、ステルトン社のカトラリーなどキッチン用品を数点購入しました。このように相手の顔をみて、話をしながらのショッピングは楽しいものです。

その後、コレクションの幅がひろがり、北欧のキッチン用品を集めるようになりました。ノルウェーの女性デザイナーのグレタ・プリッツ・キッテルセンをご存じでしょうか。彼女は「北欧モダンデザインの女王」と呼ばれ、琺瑯《ほうろう》のキッチン用品は世界でベストセラーとなりました。残念ながら現在は製造されていませんが、わたしは「ロータスシリーズ」というキャサリンホルム社から販売されていたキッチン用品を集めています。カラフルなデザインなので、戸棚に置くだけでキッチンが華やかな空間に様変わりします。最初に購入したのは青色のボウルで、その後少しずつコレクションを増やしています。今ではインターネットオークションでみつけては蒐集することが、楽しみのひとつになっています。いつか誰かに引き継ぎたい逸品です。

優しい沈黙

「…………」

長い沈黙だった。
いや、実際は数秒だったに違いない。
会話が途切れたとき、ふたりのあいだに
重い空気が入り込んだ気がした。
目にみえない「虚の壁」が現れ、
沈黙が続けば続くほど、
ふたりのあいだを閉ざしていくかのように思えた。

沈黙こそなにかを語っているのだ。
無音の状態は想像力を掻き立てる。

わたしの「心の耳」は、
彼の「心の声」を聴こうと努力した。

だけど出てきた答えは、
限りなく「Ｎｏ」に近いもの。

彼の沈黙は
答えを迷っているのではない。

優しい拒絶だった。

傾聴する公園
ヴィーゲラン彫刻公園

無音の空間は、普段わたしたちが気づかないものの存在を思い知らせます。「なにも聞こえない」、つまり聴覚が働かない状態に陥ると、ほかの感覚が鋭敏になるからでしょうか。沈黙が伝えるのは「重い空気」など目にみえないものの存在です。それを心で感じとると、想像力が働きはじめます。現代音楽家の武満徹は『音・沈黙と測りあえるほどに』（新潮社、1971年）で、聴くことと想像力について次のように述べています。
「なにものにもとらわれない耳で聴くことからはじめよう。（中略）その時、それを正確に聴く（認識する）ことが聴覚的想像力なのである」

日本人は元来、「間」や「余白」にある種の世界観を感じていました。書道、華道、剣道、茶道など「道」がつく日本の伝統文化は、共通して「間合い」が大切なことに気づきます。毛

橋の上に並ぶヴィーゲランの彫刻作品

筆が描く文字の勢いと余白との関係、花器に活けられた花同士のバランス、竹刀《しない》を振るタイミングと呼吸、お点前《てまえ》の作法の間合いなど、どれをとっても身体感覚で覚える「間」があります。なにもないところに意味合いをみつけ、それを読みとる能力を備えていました。

しかし残念なことに、無駄なモノに囲まれ、雑音に常時さらされている現在、「無」になること自体が難しくなってしまいました。そうなれば「空気を読めない人」=「想像力に乏しい人」が増えてくるのは当然です。

ノルウェーを旅していたときのこと。怒り、悲しみ、憐《あわ》れみ、よろこびなど、様々な表情をした老若男女が、身体全体を使って感情を露わにしているのをみたことがあります。彼らは橋の上に等間隔に立っていて、その先にみえる公園には、人だかりの群衆が塔となり、そびえ立っていました。それらを目にしたとき、えもいわれぬ心のざわつきを感じたのです。人間の醜い部分やエゴなどがむき出しになっていて、彼らは今にも大声でわめき出しそうでした。しかし彼らは呼吸をしていません。生きた人間ではないのです。石やブロンズでつくられた彫刻なのです。

「ヴィーゲラン彫刻公園」はフログネル公園の一部で、オスロ市街地から3キロほど離れた場所にあります。「人生の諸相」をテーマに扱った作品がそこかしこに配置されており、彫刻作品は大小合わせて約200点、その中に含まれる人物像は600以上あります。

正門をくぐり、橋の両脇にある彼らの悲喜こもごもの表情に圧倒されながら、正面にみえるヴィーゲラン彫刻公園へ向かいました。作品はほとんどが裸体で、人生のある場面がシーンとして切りとられています。老若男女が示すポーズは、ありふれた日常のシーンであっても、なぜかとても生々しく感じられます。今にも動き出しそうです。エモーショナルな感情がむき出しになっていて、まるで魂が宿っているかのようにみえます。

彫刻家グスタフ・ヴィーゲランは、1921年にオスロ市と契約を交わし、すべての彫刻作品をオスロ市に寄付するかわりに、公園の近くに住宅とアトリエを譲り受けました。そして1943年に亡くなるまでこの公園設計にすべてを捧げました。巨大な石柱モノリッテンと噴水はヴィーゲランの死後、完成しました。

天に向かってそびえ立つモノリッテンは遠くからみると1本の石柱にみえますが、近づく

右上．天に向かうモノリッテン。下は老人や死にゆく者、中間は生きようともがく者、上は子どもや赤ん坊がもつれ合っている。

右下．モノリッテンのまわりには「モノリスの台地」と呼ばれる四角い壇が階段の上に並んでいます。

下．人生の諸相を示した彫刻作品はどれも生々しい。

と１２１人の男女の裸体がもつれ合いながら、積み重なっていることがわかります。天国に近づこうと必死でもがく人間の欲望を表しているのです。高さは台座から先端まで17・３メートルあり、公園の軸線上の中心にあります。３人の石工が14年かけて制作しました。

噴水はもともと１９００年にオスロ市に提案したものでしたが、そのときは認められず、その後、市庁舎前に設置されることになりました。さらに時間をかけて大規模なものに改良され、最終的にここに設置されることになったのです。噴水のまわりを樹の像がとり囲み、樹の枝には子どもや骸骨が混じっています。死から新しい命が誕生するという輪廻転生の思想を示

ヴィーゲラン彫刻公園遠景

しています。

これらの彫刻作品をみているあいだ、わたしはひとりでした。基本的に旅はひとりでまわる方が五感が敏感に働くと思います。そのため、ヴィーゲラン彫刻公園では彼らの心の叫びが頭の中を駆け巡り、耳をふさぎたくなるほどでした。もちろん彫刻作品ですから、実際に声や音を発することはありません。しかし顔の表情や身体の動きのフォルムをみているだけで、彼らのわめき声、すすり泣き、微笑み、地団太を踏む足音、鼻歌、囁《ささや》き声などが、幻聴として聞こえてくるのです。穏やかな夕暮れどきにもかかわらず、胸のざわめきはいつまでもぬぐえませ

んでした。
なお、公園の近くにはヴィーゲランが生前暮らした住宅とアトリエが公開されています。試作品やスケッチなど、彼の制作過程を垣間みることができます。ぜひ公園とセットで訪れるとよいでしょう。

「大切なことは、目にみえない」。これは『星の王子様』（サン＝テグジュペリ）の一文です。「心の目」でしか大切なものはみえません。同じように、「心の耳」でしか聞こえないものがあるのです。「心の耳」を澄ますと、沈黙がなにかを語りはじめることでしょう。

ヴィーゲランがこだわった噴水

行き方

オスロ中央駅から12番の路面電車でFrogner plass駅へ(約10分)、下車徒歩3分。

ヴィーゲラン彫刻公園、美術館
The Vigeland Museum and Park
Vigeland Museet og Parken

グスタフ・ヴィーゲラン / Gustav Vigeland

ヴィーゲラン美術館

Address: Nobels gate 32, Oslo
Phone: +47 2349 3700
www.vigeland.museum.no
Open: 10:00~17:00 (5/2~8/31の火~日)、12:00~16:00 (9/1~4/31の火~日)
Closed: 月曜日、聖金曜日、イースターの日曜日
1/1、5/1、5/17、12/24. 12/25, 12/31

ヴィーゲラン彫刻公園は年中無休です。

唇の重なり

目を閉じて、
唇を重ねて、
あなたを感じるキス。

「おはよう」というあいさつがわりの
唇をかすめる短いキス。
ほっぺに、まぶたに、おでこに、鼻先に、耳元に、
そして唇に、そっと触れる優しいキス。
抱擁をしながら
おたがいを貪《むさぼ》り合うような激しいキス。

唇を重ねただけで、すべてがわかってしまい、
言葉の嘘を見破ることもある。
逆に、すべてがわからなくなって、
恋の魔法にかかってしまうこともある。
キスにはそんな作用があるから危険だ。

おそらく恋の妖精たちが
キスのまわりで戯れているに違いない。

だから恋人たちは
妖精と目を合わせないように
目を閉じるのかもしれない。

音の重なり

グリーグ邸

爽やかな風に乗って、ピアノの音が聞こえてきます。高台にある可愛らしい黄色い家からです。近づいてみると、グリーグ作曲のピアノ抒情小曲集「愛の歌 Op.43-5」であることがわかりました。耳を澄ますと、波音がＢＧＭとなってピアノのメロディを盛り立てています。黄色い家の裏には紺碧色の湖がひろがっていました。わたしは目を閉じて、音の重なりに神経を集中させました。

ここは作曲家エドヴァルド・グリーグの自邸です。「北欧のショパン」といわれたグリーグは、ノルウェーの国民的音楽家でした。旧首都ベルゲンで生まれ、自然をこよなく愛した人物です。ソプラノ歌手だったニーナ夫人と結婚後、彼女に捧げる歌曲を数多く手掛けました。晩年はふたりでベルゲン近郊のトロールの丘、通称「トロールハウゲン」に移り住み、ここで生涯の幕

上．グリーグ邸
下．庭からみた湖

を閉じました。

「トロール」というのは、ノルウェーのお土産屋さんでよくみかける、醜い顔をした小人の妖精のことです。ニーナ夫人が「トロールが住んでいそうな丘ね」といったことから、この名称がつけられました。言い伝えではトロールは騒音を嫌い、丘陵地や土墳など人里離れたところでひっそりと暮らしているそうです。いたずら好きなので、なにかものがなくなると「トロールのしわざ」にされます。また夜更かしをしていると母親に「トロールが来るから早く目をつぶって寝なさい」と叱られるそうです。怒らせると怖いのですが、優しくすると、富や幸運をもたらすので、顔は不細工でもみんなから慕われています。愛嬌のあるトロール人形はお守りとして人気商品です。

グリーグ自身も小柄だったので、小さなものが好きでした。手のひらサイズのカエルの置きものをお守りとして肌身離さずもっていたそうです。演奏会前は緊張をほぐすために握りしめ、就寝時は心安らかに眠りにつくため、枕元に置いていました。小さくて慎ましやかなものに愛情を注いだ彼の人柄がわかるエピソードです。

グリーグは遺言によって、湖を一望できる岩壁に墓を設け、遺骨の一部を湖に散骨させまし

グリーグ像。後ろの赤い小屋がアトリエ。

た。没後、彼の家は資料館として一般公開され、１９８５年には２００人を収容するコンサートホール、１９９５年には博物館が増築され、今や世界各国から観光客が訪れています。

グリーグは亡くなるまでの22年間、トロールハウゲンでささやかながら彩りのある生活を送っていました。湖を眺め、太陽の光を浴び、自然の風を受け、庭に草花を植え、そして増築した赤いアトリエ小屋でピアノを弾き、愛くるしい小曲をたくさん手掛けました。彼の代表作「ピアノ抒情小曲集」は、第1集（１８６７年）から第10集（１９０３年）まで全66曲あります。長年に渡りこだわり続けた小品集で、「蝶々」「春に寄す」などが一般的に知られています。タイ

ベルゲンの街並み

トルからわかるように、厳しい冬から解放された春、光溢れる清々しい夏の風物詩などを表現した曲が多くみられます。

わたしが訪れたのは夏の午後でした。黄色い家はオルゴール箱のように優しい音色を奏でていました。ここでは夏のあいだほぼ毎日、ランチコンサートがおこなわれています。紺碧色の湖面を光が反射し、黄色の建物を照らし出していました。まるで印象派の絵画の世界に入り込んでしまったかのようです。ピアノの音色が建物のまわりを、光や色とともに戯れていました。このように、音を中心にいろいろな要素が重なり合い、幸福感溢れる世界観をつくり出してい

たのです。妖精トロールも丘のどこかでひっそりと身を隠し、音楽に陶酔している人々の様子をうかがっているのではないでしょうか。

芸術分野のなかで、音楽がインスピレーションの源となることが多いのは事実です。芸術家のカンディンスキーは、音楽家のシェーンベルグやワーグナーの影響を強く受けました。彼は「色聴」という、音楽を聴いて色を感じることができる共感覚の持ち主でした。共感覚とは、視覚、聴覚、触覚、味覚、臭覚などの感覚が、ひとつの刺激に対して同時におこる現象をいいます。「色聴」の逆は「音視」といい、色の織りなす空間から音を感じることを指します。

グリーグの家では「音」が重なり合っていました。波の音、風の音、鳥の音などが重なり合って、メロディラインを奏でるピアノと、ひとつのオーケストラを形成していました。わたしは目を閉じ、耳を澄ませ、その重なりを堪能しました。まばゆい光の中、黄色の家から真っ青な空へ向かって、美しい音楽が鳴り響いていたあの日の体験は、わたしの中で不思議な感覚として記憶されています。「色」と「音」による共感覚に近かったのかもしれません。

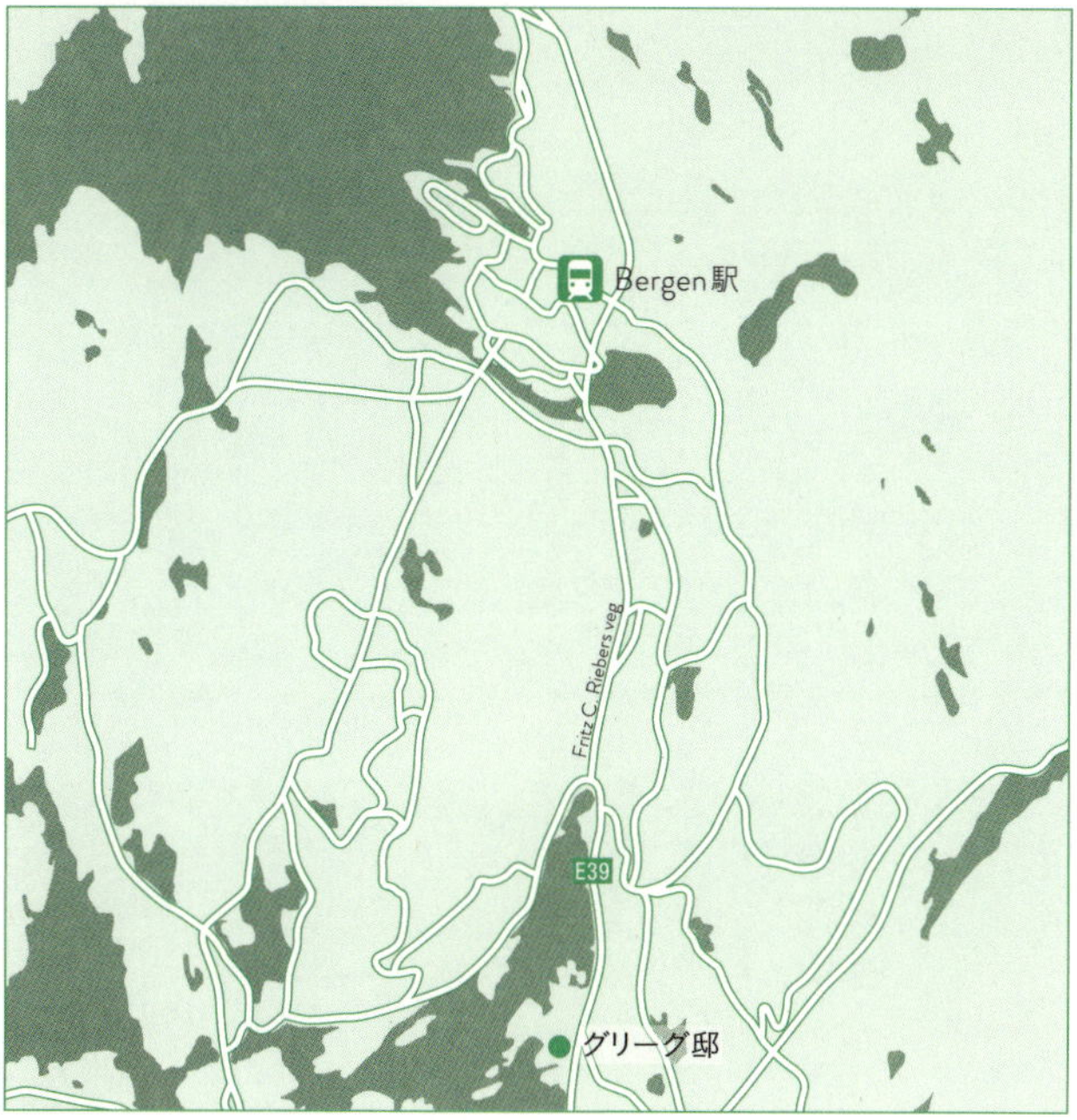

行き方

Bergen駅から車で10分。

グリーグ邸
Edvald Grieg Museum
Troldhaugen

1885年

Address: Troldhaugveien 65, Bergen
Phone: +47 5592 2992
griegmuseum.no
Open: 10:00 ~16:00 (1/5~4/30)、9:00~18:00 (5/1~9/30)、
12:00~16:00 (10/1~12/16)

フィヨルド

ノルウェーの国土には、険しい山岳が背骨のように細長く走っています。冬はスキー、スノーボードなどウィンタースポーツが盛んですが、夏に訪れるならフィヨルド観光をおすすめします。フィヨルドとは、氷河の侵食によってできた複雑な入り江や湾のことを指します。いくつかご紹介しましょう。

1.ガイランゲル・フィヨルド

2005年に世界遺産となった紺碧の海が魅力的なフィヨルド。オーレスンというアールヌーヴォー調の小さな街からバスに乗ってヘルシルトへいき、そこからフェリーに乗るとガイランゲルまでフィヨルドを堪能できます。ガイランゲルに着いたらハイキングがおすすめです。頂上付近にはヤギが放牧されており、牧歌的な風景がひろがっています。

2.ソグネ・フィヨルド

ノルウェーでもっとも人気のあるフィヨルド。全長200キロメートル。ヨーロッパで最長、最深を誇ります。フロム鉄道とフェリーとバスを乗り継いで、フィヨルドの様々な景観を楽しむことができます。理想のコースはベルゲンからミュールダールへ電車で移動し、そこからフロム鉄道に乗ります。途中、ショースの滝で下車し、滝のしぶきでマイナスイオンをたっぷり吸収。山の妖精に扮した女性による歌のパフォーマンスもあります。鉄道の終点フロムからはグドヴァンゲンまでフェリーで移動。満喫コースです。

3.リーセ・フィヨルド

別名「教会の説教壇」と呼ばれる断崖絶壁にあるフィヨルド。プレーケストーレンにあります。そこまではスタヴァンゲルからフェリーでタウに移動し、そこからバスで登山口にいたります。険しい山道を約2時間半かけて登ります。岩がごろごろしているのできちんとした靴をはいていかないと登頂できません。崖からの眺めは息をのむほど壮観です。

1

2

3

第五章——アイスランド

虹色の嘘

「大丈夫？」

「うん」

毛糸の手袋をした彼の両手が、わたしの手を挟んだ。

冷えきった手に彼の体温が伝わった。

「これ、使っていいよ」

わたしの嘘も伝わったのだろう。

彼は手袋を差し出し、わたしの手を直接握り、
彼の体温とわたしの体温が同じになるまであたためてくれた。


相手のことを思いやって、嘘をつくことがある。

そういうとき、嘘だとわかっても、
わからないフリをするのが優しさである。

「今度はいつ会えるかな？」

彼はしばらく考え、「わからない」と答えた。

住む国が違うふたりがいつ再会できるかは、誰にもわからない。

彼は優しい嘘をつかなかった。

嘘のことも、本当のことも、
ふたりの会話はまるで虹のようで
あっという間に消えてなくなった。

七色の箱

ハルパ・コンサートホールほか

極北の地アイスランド。「氷と火の国」と呼ばれています。北欧4か国と地理的に離れているため、その存在を忘れてしまいがちです。北欧5か国の一員ですが、なかなか名前が挙がらない国です。そんなアイスランド滞在の目的は、以前から気になっていたブルーラグーンという巨大な露天風呂を筆頭に、地球の割れ目、オーロラ、氷河など、自然を訪ねることでした。

ケフラヴィーク国際空港から首都レイキャビク市街地へ向かうバスの車窓には、ごつごつとした岩盤がどこまでもひろがっていました。まるで火星のような風景です。樹木さえみあたらない荒涼とした地に不安が募ります。30分ほど経過し、バスが市街地に近づくにつれ、ようやく車窓からの風景に建物がみえはじめました。人間が生活している様子を目にし、ほっとひと安心です。

チェックインしたゲストハウスは閑静な住宅地の一角にありました。そこから街のランドマークとなっているハットルグリムス教会へ向かいました。アイスランドでもっとも高い建築です。尖塔が真っ青な空に向かって高らかにそびえ立つ姿が目を惹きます。この白亜の教会は街を見下ろす緩やかな丘にあり、どこからでもその姿を目にすることができます。

その後、ぶらぶらしながら湖まで下りると、白鳥に餌づけをしている中年女性と子どもたちがいました。どこの地でも水辺はほっと一息つける憩いの場になっています。その美しい湖に面して建っているのがレイキャビク市庁舎です。コペンハーゲン、ストックホルム、オスロでみた市庁舎は威厳のある歴史的建造物でしたが、レイキャビクのそれは地方都市の公民館や図書館のような気さくなたたずまいです。1992年に竣工した比較的新しい建築で、扉を押して中に入ってもその印象は変わりません。国土を示すジオラマ模型が展示されているので、国全体を俯瞰《ふかん》してみるのもよいでしょう。

そこから港へ向かいました。レストランなどが並ぶおしゃれなエリアです。そこで目を惹いたのが、2011年に竣工したばかりのハルパ・コンサートホール&国際会議場でした。クリスタルでできた巨大な彫刻作品のようにみえます。設計はデンマーク人の建築家ヘニング・

ラーセン。コペンハーゲンのオペラハウスも設計している巨匠です。内部に入ると大きな吹き抜け空間があり、階段が上へ伸びています。もっとも大きいホールは「火の都市」という名の１８００人収容の大ホールで、座席も舞台もすべて真っ赤。火山のマグマをイメージしているそうです。

アイスランド滞在中は、ブルーラグーン、オーロラ（残念ながらうっすらとしかみえませんでしたが）など自然を満喫し、最終日は旅のハイライトであるゴールデンサークルのツアーを申し込みました。あいにくの雨模様でしたが、アイスランド南西部にあるシンクヴェトリル国立

チョルトニン湖。左はレイキャビク市庁舎。

公園、ゲイシール間欠泉、グトルフォスの滝など観光の要所をまわりました。

アイスランドには鉄道が走っておらず、路線バスも少なく、移動手段は国内線の飛行機か、自家用車が主になります。このツアーに参加してはじめてわかったのですが、舗装されている道路は幹線道路のみで、大型バスがいける場所は限られています。信号も標識もありません。道なき道をわたしたちの乗ったジープは走り抜けていきました。車には、運転手、ガイド、2人組の女性、ひとり旅の男性、そしてわたしの6名が乗っていました。

グトルフォスの滝では柵がありませんでしたが、できるだけ近づき、雨なのか滝なのかどち

らともつかない水しぶきを浴びました。ゴーゴーとうなる滝壺はあまりにも激しく渦巻いていて、思わず吸い込まれそうになりました。

ケリズ火口湖に立ち寄ったときは、ひとりで興奮してしまいました。なぜなら宮城県の蔵王《ざおう》にある「御釜《おかま》」にそっくりだったからです。車にもどり、「これと同じ火口湖がわたしの住んでいる土地にもあるんですよ」と自慢げに携帯の写真をみせると、「わお、日本のほうが美しいね」と皆、驚いていました。

国立公園内にはギャウと呼ばれる地球の割れ目があります。これが北米プレートとユーラシアプレートの境で、毎年数ミリメートルずつ離れているそうです。コインを投げると願いが叶うといわれています。ガイドが「僕のお気に入りの滝がこの先にあるのでいってみましょう」というので、彼の後に続きました。雨もしだいに弱まり、岩場を通り抜けてたどり着くと、美しい滝と、その向こうに虹がみえました。何度も来ているガイドは「今日は皆さんラッキーです」と記念写真を撮ってくれました。

しかし残念ながら、一番楽しみにしていたキェルトリンガル山への氷河トレッキングは中止となり、レイキャビクにもどることになりました。

上. グトルフォスの滝
下. シンクヴェトリル国立公園の滝

帰りの車内も岩だらけの道を走り、ジープは激しく振動する大型マッサージ機のようです。しかし雨の中歩きまわったのと、朝早い出発だったため、いつの間にか隣りの彼にもたれて眠ってしまったようです。予定よりも早く市街地にもどったので、彼と夕食に出かけることになりました。びしょぬれになった服を着替えて、街の目印であるハットルグリムス教会で待ち合わせをし、そこから港まで歩いておすすめのレストランに入りました。

彼はジャーナリストで、今はプライベート旅行中。実は5年前から毎年必ずアイスランドを訪れ、写真を撮り続けているそうです。いつか写真集を出すのが夢だと語り、車中でそれまでに撮った写真をみせてもらいました。みたこともない素晴らしい大自然の写真ばかりです。わたしが気になったのはパフィンというペンギンに似た鳥。オレンジ色のカラフルなくちばしが印象的です。肩に乗せることもできるそうで、次回はパフィンのいる島へのツアーを申し込もうと思いました。

「もし写真集ができたら送ってね」と約束し店を出ると、あたりはすっかり暗くなっていました。すると向こう側に七色に輝く建物がみえます。先日訪れたハルパが別の装いになっていたのです。「あそこまでいってみようか。はじめて？」と聞かれ、「はじめて」と思わず嘘を

夜のハルパ・コンサートホール外観

ついてしまいました。たしかに先日訪れましたが、昼と夜ではまったく違う建物のようにみえます。その外壁は、冬空にたなびく「虹色のカーテン」＝「オーロラ」を表現しているそうです。オーロラはいつでも空にたなびいていますが、条件がそろわないと人の目にはみえません。

この外観デザインはオラファー・エリアソンによるものです。彼はデンマーク生まれのアイスランド人で、視覚に訴える色や光を使ったインスタレーションに定評があります。ノルウェーのオペラハウス（198ページ）のインテリアも彼によるもので、同様に幾何学的なかたちを組み合わせています。建築家のヘニング・ラーセンとは、コペンハーゲンのオペラハウスでも協働しています。

最終日にみた夜のハルパは、もっとも印象に残った建築です。ほんもののオーロラよりもくっきりと虹色を映し出していたからです。その姿はあまりに妖艶で、一目で魅了されてしまいました。次回のアイスランド訪問の楽しみは、実際のオーロラをみること、そして夜のハルパでのコンサートを楽しむことに決まりました。もちろん、パフィンと氷河トレッキングも。

行き方

ケフラヴィーク国際空港から空港バス Fly Bus でレイキャビク Reykjavík 市内へ（約1時間）。

ハットルグリムス教会/Hallgrímskirkja

1986年
グヴィヨン・サムエルソン/Guðjón Samúelsson

Address: Skólavörðuholt 121, Reykjavík
Phone: +35 4510 1000
hallgrimskirkja.is
Open: 9:00〜17:00

レイキャビク市庁舎/Reykjavik City Hall/Ráðhús Reykjavíkur

1992年
スタジオ・グランダ/Studio Granda

Address: Tjarnargötu 11, Reykjavík
Phone: +35 4411 1111
www.reykjavik.is

ハルパ・コンサートホール/Harpa Concert Hall

2011年
ヘニング・ラーセン/Henning Larsen

Address: Austurbakki 2, Reykjavík
Phone: +35 4528 5000
en.harpa.is
Open: 10:00~24:00
英語のガイドツアー: 11:00~、15:30~（毎日）

ブルーラグーン

ごつごつした岩の合間から青白い水面がみえます。まるで入浴剤を混ぜたような白濁した色です。「これがブルーラグーン（青い潟湖《せきこ》）かぁ」と思ったのが第一印象でした。

そこは想像以上に観光地化していました。思えばアイスランドの国の主な財源は観光産業なのです。団体客がバスで次々と押し寄せ、入館まで長蛇の列をなしていました。その中に若い日本人女性のグループもみかけました。日本からアイスランドへの直行便はありませんが、世界中どこへいっても日本人の姿をみかけるのでそう珍しくありません。やはり日本人は温泉好きなのですね。

わたしのアイスランド旅行の目的もそうですが、ブルーラグーンは1位2位を争う人気観光スポットとなっています。天然に湧き出た温泉かと思っていたら、実は隣接する地熱発電所が組み上げた地下温水を再利用した施設だと知り驚きました。使用済みの温水は約70度でブルーラグーンに放出さ

れ、40時間ごとに新しい温水と入れ替わる仕組みになっています。オープンしたのは1987年で、露天温泉の施設としては5000平方メートルの規模で、世界最大級を誇ります。水着、バスタオルは有料で貸し出してくれるので、手ぶらで訪問できます。

巨大な温泉は、波のない海水浴場のようでした。深いところで1.4メートルあり、子どもなら足がつきません。岩壁をくり抜いてつくったサウナもあります。

温泉の温度は場所によって異なりますが、およそ37～39度です。日本人にとってはぬるく感じますが、ときどき勢いよく噴き上がる温泉の吹き出し口付近にいくと、急に温度が高くなります。その周囲には顔を白くした人がたくさんいました。よくみると白い泥パックをしているのです。泥には乳液の原料にもなるシリカ（ケイ石）と呼ばれる成分が含まれており、皮膚に潤いをもたらすそうです。白濁した温泉水自体もミネラルが豊富で皮膚病に効能があるといわれています。

アイスランドは火山の国なので、天然温泉は市内のあちこちにあります。地熱発電によるエネルギー供給は国全体の22%を占めています。日本もアイスランド同様、火山の国なので、今後は安全性の高い地熱発電の開発に乗り出してもいいのではないでしょうか。

あとがき

旅のおわりは、新しい人生のはじまり

山から遠ざかればますますその本当の姿をみることができる。
友人にしてもこれと同じである。

これはデンマークの童話作家ハンス・クリスチャン・アンデルセンの言葉です。デンマーク滞在から5年経過した今だからこそ、北欧で感じた幸福感の在処《ありか》を捉えることが可能になったのかもしれません。過去の恋愛についても同様です。

「風のような人」といわれたことがあります。「ふわふわしている」とも。「地に足がついていない」ということでしょうか。たとえていうなら、タンポポの綿毛のようにふわふわと風に乗って、根を下ろす場所を探しているのでしょう。そして遠くから本当の姿をみつめようとしているのかもしれません。しかし「幸せのかけら」は近づかないと発見できないものです。

こちらから近づいて「逢いたい」と願っても、そう簡単に叶わないのが一方通行の片思い。しかし建築は違います。はぐらかされることも、拒絶されることもありません。自ら行動すれば、必ず逢うことができます。だからわたしは素敵な建築に出会うため、旅を続けているのだと思います。

そのなかでも、恋に落ちるのは自分の感性に響いた建築です。それは見知らぬ土地の、無名の建物のこともあります。普段、見過ごしているような小さな出来事に敏感になれるのは、おそらく緊張感のため、感覚が研ぎすまされているからでしょう。わたしはそこにある建物と、一対一の心の対話を試みます。すると彼らはいろいろなことを語りはじめるのです。そうするうちにわたしはその建築と恋に落ちているのです。

旅のおわりは、新しい人生のはじまりです。恋のおわりもそうです。人生とは「はじまりとおわり」の繰り返しなのだと思います。この本の執筆をきっかけに、わたしも新しい一歩を踏み出したいと思います。

最後に、出版にあたり、特にお世話になった方々に厚くお礼を申し上げます。素敵なイラストを描いてくれたＫａｌｏと、ブックデザインを担当してくれた古谷哲朗くんは、10年以上前からの友人で、北欧と出会ったころのわたしをよく知っています。そして出版の機会を与えてくださった山川出版社に感謝の意を表します。

Mange Tak!　Tusind Tak!

これはわたしの好きなデンマーク語です。「たくさんのありがとう」と「幾千ものありがとう」を、わたしを支えてくれた方々と、北欧で出会った建築に。

２０１３年夏　山形　和田菜穂子

建築家・芸術家の略歴

アルネ・ヤコブセン
Arne Jacobsen (1902–1971)

建築家。デンマーク生まれ。王立芸術アカデミー卒業後、幼馴染のフレミング・ラッセンと協働し、未来の家コンペで優勝。一躍、近代建築の寵児となる。代表作はSASロイヤルホテル、デンマーク国立銀行など。成型合板でつくったアントチェアは背もたれと座面が一体となった世界初の椅子。その改良版であるセブンチェアは今もなお世界でもっとも売れ続けている。

—

ヨーエン・ボー&ヴィルヘルム・ヴォラート
Jørgen Bo (1919–1999) & Vilhelm Wohlert (1920–2007)

2人組の建築家。デンマーク生まれ。ルイジアナ現代美術館の共同設計を機に、33年間複数のプロジェクトをともにする。代表作はドイツ・ルール地方にあるふたつのミュージアム、ボーフム美術館とグスタフ・リュプケ美術館。

—

フィン・ユール
Finn Juhl (1912–1989)

建築家。デンマーク生まれ。王立芸術アカデミー卒業後、ヴィルヘルム・ロウリッツェンの設計事務所に勤務し、コペンハーゲン空港やラジオハウスの設計にかかわる。コペンハーゲン家具職人ギルド展にニールス・ヴォッダーと出品し、それ以降も家具づくりのパートナーシップを組む。1950年にニューヨークの国連ビルの会議場を設計。インテリアデザイナーとして展覧会会場デザインを数多く手掛ける。

—

ザハ・ハディド
Zaha Hadi (1950–)

建築家。イラク生まれ。イギリス在住。イギリスのAAスクールで建築を学ぶ。卒業後、オランダの建築家レム・コールハースの事務所OMAで働く。その後独立し、脱構築主義の建築家として知られるようになる。建築思想や建築概念が先立つ形態はなかなか実現にいたらなかったが、その後実作品が増え、2004年に建築界のノーベル賞といわれるプリツカー賞を女性ではじめて受賞。2009年、高松宮殿下記念世界文化賞受賞。2012年には我が国の新国立競技場のコンペで最優秀賞を受賞。

—

カール・ペーターセン
Carl Petersen (1874–1923)

建築家。デンマーク生まれ。王立芸術アカデミーにて教鞭をとり、新古典主義様式を広める。代表作であるフォーボー美術館は、コペンハーゲンにあるトーヴァルセン美術館の影響を多大に受けており、内部空間の色の多様性はその引用といってよいだろう。

—

ヨーン・ウッツォン
Jørn Utzon（1918–2008）

建築家。デンマーク生まれ。シドニー・オペラハウスの設計で一躍世界にその名が知られる。オペラハウスは２００７年に世界遺産に登録される。デンマーク国内ではキンゴー・テラスハウス、フレデンスボー集合住宅など周囲のランドスケープと調和した集合住宅を手掛け、その配置計画が高く評価されている。２００３年にプリツカー賞受賞。２００８年、幼少の頃住んでいた第3の都市オールボーにウッツォン・センターを開館。

—

グンナー・アスプルンド
Gunnar Asplund（1885–1940）

建築家。スウェーデン生まれ。北欧諸国の近代建築の礎を築いた人物。フィンランドのアルヴァ・アアルト、デンマークのアルネ・ヤコブセンらに多大な影響を与えた。１９３０年、ストックホルム博覧会にて鉄とガラスのパビリオンを設計し、世界中から高い評価を受ける。代表作のストックホルム市立図書館は北欧新古典主義様式。１９９４年、森の墓地は20世紀以降の建築としてはじめて世界遺産に登録された。

—

シーグルド・レヴェレンツ
Sigurd Lewerentz（1885–1975）

建築家。スウェーデン生まれ。グンナー・アスプルンドとはクララスクールという私設学校で知り合う。その後、森の墓地コンペに優勝し、１９３５年に決別するまで共同設計をおこなう。墓地内に復活の礼拝堂がある。その他、スウェーデン・スコーネ地方のマルメ東部墓地など。アスプルンドの死後、森の墓地のランドスケープを引き継ぎ、完成させた。

—

アルヴァ・アアルト
Alvar Aalto（1898–1976）

建築家。フィンランド生まれ。ヘルシンキ工科大学（現アアルト大学）卒業後、ユヴァスキュラで事務所を設立し、最初の妻アイノと結婚。パイミオのサナトリウムで卓越した機能主義が国際的に評価される。１９３３年、ヘルシンキに拠点を移し、１９３６年、自邸兼アトリエを構える。戦中、戦後はアメリカにてニューヨーク博フィンランド館、マサチューセッツ工科大学（ＭＩＴ）の学生寮などを設計。前妻亡き後、セイナッツァロの役場の設計担当をしていたエリッサと結婚し、夏の家コエタロを設計。没後はエリッサが事務所を引き継いだ。

—

カイヤ＆ヘイッキ・シレン
Kaija（1920–2001）& Heikki Siren（1918–2013）

建築家夫婦。フィンランド生まれ。ヘルシンキ工科大学卒業後、１９４９年より協働をはじめる。ヘルシンキ工科大学オタニエミキャンパス内には、礼拝堂のほか学生寮などの作品もある。代表作としてタピオラの連続住宅など。

—

スティーブン・ホール
Steven Holl（1947–）

建築家。アメリカ生まれ。ワシントン大学卒業後、ニューヨークで事務所を設立。コロンビア大学で教鞭をとる。代表作にキアズマ現代美術館など。日本では福岡のネクサスワールドという集合住宅群に住棟を設計。２０１２年にアメリカ建築家協会（ＡＩＡ）ゴールドメダル受賞。

スヴェレ・フェーン

Sverre Fehn（1924–2009）

建築家。ノルウェー生まれ。オスロの国立応用芸術大学（現オスロ大学）にてアルネ・コルスモ、クヌト・クヌトセンらに師事。代表作にヴェネチア・ビエンナーレの北欧館、ハマールのヘドマルク博物館、氷河博物館など。母校、オスロ建築大学にて教鞭をとる。１９９７年、プリツカー賞受賞。

スノヘッタ

Snøhetta

建築家集団。ノルウェー生まれのシェティル・トールセン（Kjetil Thorsen 1958–）とドイツ生まれでアメリカで活躍するクレイグ・ダイカース（Craig Dykers 1961–）を中心に、オスロおよびニューヨークに拠点を置き、建築・ランドスケープ・インテリアデザインを総合的に手掛ける。グループ結成のきっかけはエジプトの新アレクサンドリア図書館のコンペ。２００４年にアガ・カーン賞受賞。何度も組織変更を重ねるが、異なる文化や背景をもつメンバーが集まる構成。代表作にノルウェーのリレハンメル美術館など。

オラファー・エリアソン

Olafur Eliasson（1967–）

アーティスト。デンマーク生まれのアイスランド人。光を使ったインスタレーションが多く、自然現象や人間の感覚に訴える作品が多い。近年は建築と一体化した作品で建築家とコラボレーションしている。日本では２００５年、原美術館にて初個展、２００９年、金沢21世紀美術館にて大規模な展覧会がおこなわれた。今、もっとも注目されているアーティストのひとり。現在はドイツ・ベルリン在住。

グスタフ・ヴィーゲラン

Gustav Vigeland（1869–1943）

彫刻家。ノルウェー生まれ。オスロ市は住宅兼アトリエを提供し、その代償としてヴィーゲランは作品すべてを市に寄贈する契約を交わした。没後、彼が住んでいた住宅兼アトリエはヴィーゲラン博物館として公開されている。ヴィーゲラン彫刻公園はフログネル公園内にあり、個人の作品のみを展示する彫刻公園としては世界最大。２００点以上のブロンズと花崗岩による作品が展示されている。

エドヴァルド・グリーグ

Edvard Grieg（1843–1907）

作曲家。ノルウェー生まれ。民族音楽に傾倒し、国民学派とされる。代表作はペールギュント組曲など。ピアニストとしての卓越した才能を活かし、演奏でヨーロッパ各地をまわる一方、ピアノのための小曲集も数多く作曲した。ソプラノ歌手のニーナと結婚し、彼女のための歌曲も手掛ける。

ヘニング・ラーセン

Henning Larsen（1925–2013）

建築家。デンマーク生まれ。王立芸術アカデミーを卒業後、アメリカのマサチューセッツ工科大学（ＭＩＴ）にて建築を学ぶ。デンマークの現代建築のリーダー的存在。王立芸術アカデミーで教鞭をとる。代表作にデンマーク・王立歌劇場、新オペラハウスなど。国外でも数多くのプロジェクトに携わる。２０１２年、高松宮殿下記念世界文化賞受賞。

和田菜穂子　わだ なほこ

新潟県生まれ。キュレーター、建築史家（学術博士）。建築、デザイン、アートの領域をクロスオーバーする活動を行う。1992年青山学院大学卒業。一般企業、黒川紀章建築都市設計事務所、神奈川県立近代美術館等に勤務。2006年慶応義塾大学大学院後期博士課程単位取得退学。2006~2008年デンマーク政府奨学生としてコペンハーゲン大学留学。2009年より東北芸術工科大学准教授、慶応義塾大学非常勤講師。世界各地のミュージアムや現代アートを巡るのが趣味。著書に『北欧モダンハウス』『アルネ・ヤコブセン』『近代ニッポンの水まわり』（以上、学芸出版社）。

www.nahoko-wada.com

北欧建築紀行《ほくおうけんちくきこう》

幸《しあわ》せのかけらを探《さが》して

2013年10月25日　1版1刷　発行
2013年11月25日　1版2刷　発行

著　者　和田菜穂子
発行者　野澤伸平
発行所　株式会社山川出版社
〒101-0047　東京都千代田区内神田1-13-13
電　話　03(3293)8131(営業)
　　　　03(3293)1802(編集)
振　替　00120-9-43993
企画・編集　山川図書出版株式会社
印　刷　半七写真印刷工業株式会社
製　本　株式会社ブロケード

ISBN978-4-634-15039-3